覚悟の競馬論

国枝 栄

JN180179

講談社現代新書
2546

Almond Eye

Dubai Turf, 30 Mar 2019　PHOTO：REX/AFLO

はじめに――変わりゆく競馬界

ドバイターフ前夜の出来事

海外競馬独特の、解放感のある厩舎、エアコンの効いた広い馬房、日本の中央競馬にはないナイター、関係者とのやりとり……。息苦しさや窮屈さが取りのぞかれた、馬と人とを取り巻くおおらかな環境に、久しぶりに浸ることができた。

「ああ、やっぱりこの風通しのよさは、のびのびと馬をつくるのに最適だ」

１９８４年、調教助手時代に経験したイギリス競馬研修も思い出された私は、３度目の海外遠征を存分に堪能していた。

国内外メディアからの注目、ファンからの期待……アーモンドアイ[注1]が次に目指すであろうと推し量られた凱旋門賞[注2]挑戦への舞台は、いよいよ整いつつあった。

だが、そんな重圧に、実は、私自身が押し潰されそうになっていた。

２０１９年３月、ドバイターフ[注3]が開催される日の前夜――関係者との会食の席で異変は起こった。

和食の店でごく普通にビールを飲みながら2時間くらい過ごしていると、突然、脚がつりはじめた。はじめは右脚。次いで左脚も。

そのうち脱水なのか貧血なのか、意識が遠のいていく感じがした。明日にレースを控えたこの大事な場面で、自分の身にいったい何が起こっているのか。

そうこうしているうちに、やがて激しい腹痛に襲われ、思わず椅子からずり落ちそうになった。同席していた妻が、これはいけないと対処してくれ、すぐに近くの病院に運びこまれた。顔面は蒼白で身体を動かそうとしても動かない。診察を受けている間に何とか回復したものの、自分も、周囲も予期せぬ事態に慌ててしまった。原因の特定には至らなかったが、周りのみんなは「ストレスのせいじゃないか」と口々になぐさめてくれた。

やはり見えないプレッシャーやストレスがあったのかもしれない。日頃、体調管理

注1　【アーモンドアイ】国枝厩舎が手掛ける牝馬。9戦7勝（2019年9月16日時点）。2018年に日本競馬史上5頭目となる牝馬三冠（注7）を達成。同年のジャパンカップ（東京競馬場・芝2400m）を世界レコード（注5）で制し、年度代表馬に選ばれた〝国内現役最強牝馬〟
注2　【凱旋門賞】フランス・パリロンシャン競馬場・芝2400m。第1回開催は1920年。100年の伝統と格式を誇る世界最高峰レースのひとつ
注3　【ドバイターフ】UAE・メイダン競馬場・芝1800m

には人一倍気を使っていたはずの私が、よもや体調を崩すとは。

「なんだよ、馬を仕上げる前に、調教師自身が仕上がってないじゃないか！」

競馬ファンからそう叱責されるような思いだった。

立場上、その点には常に留意していて、ふだんから病気や怪我がないよう、体重管理、運動、食事などには気を配っていた。携帯電話の万歩計を使い、馬のあとを追いかけながら1日1万歩は歩くよう心掛けている。

にもかかわらず、主役のアーモンドアイを措《お》いて、その管理者である私が変調をきたすとは不甲斐ない。

これまで、レース前に体調を崩すことはなかったのだけれども、ドバイでの、あの日の夜は次の大舞台が頭から離れず、自分が意識せずとも気分が高揚していた――それが原因だったのかもしれない。

私はまだダービー[注4]を獲《と》ったことがなく、2018年のコズミックフォースの3着まで。国内ではダービー制覇が大きな目標ではあるが、世界に眼を転じれば、やはり、凱旋門賞を狙っていた。

馬主、生産者、騎手、厩舎、調教師……すべてのホースマンが夢見る〝真の世界制覇〟がそこにはある。叶うことなら現地に厩舎を開業してでも挑戦する価値があると思うが、現時点ではやはり日本からの挑戦という立場を貫きたい。

JRAの調教師の定年は70歳だ。

現在64歳の私に残された時間は少ない。

凱旋門賞断念の背景

近年、日本馬の進化が凄まじい。血統、馬格、スピード、フィジカル、ポテンシャル……どれを取っても、それらの進化は止まるところを知らない。私が1978年に調教助手になった時と比べると、隔世の感があるといっていい。

そうした中、私はこれまで、いかに人と馬とがより良い関係で共存するか、という部分に重きを置いてきた。

2020年の東京オリンピック・パラリンピック開催にあたって声高に叫ばれている〝アスリートファースト〟。競馬に置き換えれば〝ホースファースト〟となる。い

注4 【ダービー】東京優駿／東京競馬場・芝2400m。皐月賞（中山競馬場・芝2000m）と菊花賞（京都競馬場・芝3000m）とともにクラシック三冠のひとつ

かに馬の邪魔をしないで、そのポテンシャルを引き出し、最高の走りをファンのみなさんに披露できるか。競馬は事前の輸送状況や当日の天候、馬場状態、距離、枠順、位置取りなど、さまざまな条件で変化する。競走馬同様、レースも生きているのだ。

アーモンドアイが2018年のジャパンカップで出した世界レコード[注5]も、すべての要素が合致したからこそ、生まれたものに過ぎない。


調教師の仕事は、競走馬を1着でゴールさせることである。

もちろん無事がベスト。自厩舎で仕上げた馬が勝つことは調教師冥利に尽きる喜びであり、スタッフにとっても励みになる。それが100年の伝統と格式を誇る世界最高峰レース＝凱旋門賞ともなれば言わずもがなで、アーモンドアイはその可能性をおおいに秘めていた。

ドバイターフ後には、8月のヨークシャーオークス[注6]への転戦も視野に入れてはみた。しかし、それには欧州のタフな芝を経験させるための長期滞在が必要となる。いかに馬にとってのどかな環境とはいえ、アーモンドアイの体調を鑑みれば回避することが適切だった。

２０１８年のオークス[注7]から毎レース後、熱中症のような症状が現れはじめた。特に秋華賞後が酷《ひど》かった。レースで完全燃焼するタイプゆえに消耗が激しい。汗をかきにくい体質のため、体内に熱がこもってしまい、熱中症のような状態に陥る。肢元《あしもと》がふらつき、呼吸も乱れる。こうしたレース後のケアや体調の変化、長距離輸送のリスク、負担重量、タフで特殊な馬場を総合的に考えての決断に至った。

ホースマンとして凱旋門賞の舞台を拒む者はいない。

本音を言わせてもらえれば、アーモンドアイを凱旋門賞に出走させてあげたかった。調教師の私と主戦のクリストフ・ルメール騎手[注8]にしてみれば、その思いは誰よりも強かったはずだ。ファンもメディアも、史上初の凱旋門賞3連覇を狙う稀代の牝馬

注5　【世界レコード】芝２４００ｍを2分20秒6（良馬場）で走破

注6　【ヨークシャーオークス】イギリス・ヨーク競馬場・芝２３７０ｍ

注7　【オークス】優駿牝馬／東京競馬場・芝２４００ｍ。桜花賞（阪神競馬場・芝１６００ｍ）、秋華賞（京都競馬場・芝２０００ｍ）とともに牝馬三冠のひとつ

注8　【クリストフ・ルメール】フランス出身。ＪＲＡ通算１０６５勝（２０１９年9月16日時点）。18年、年間２１５勝を挙げ、これまでの武豊騎手（注56）の年間最多勝記録（２１２勝）を更新した

エネイブル[注9]（ランフランコ・デットーリ[注10]騎手）と国内最強牝馬アーモンドアイ（ルメール騎手）との対決を切望したに違いない。

だが、私たちはチームで動いている。

最大のリスクを背負って走るのは馬だということも考慮すれば、凱旋門賞出走回避はやむを得ない判断だった。

激変期を迎えた競馬界

２０１９年夏、ディープインパクト[注11]、キングカメハメハ[注12]という偉大な２頭の種牡馬が相次いでこの世を去った。一つの時代が終わったと捉え、その早すぎる死を悼むファンも多い。そこで常々考えていることなのだが、過去の偉大な馬の名前を冠したレースをもっとつくることはできないものだろうか。

競馬はやはり馬が主役なのだから、重賞レース名に馬名を残して欲しいと私は思っている。たしかに、シンザン[注13]記念、セントライト[注14]記念はあるが、冠名に値する馬はほかにもたくさんいる。

中央競馬のレースは年間に３４５０もあるのだから、古くは私が好きだったシンボ

注9　【エネイブル】イギリスの競走馬。14戦13勝（2019年9月16日時点）。おもな勝ち鞍に17〜18年の凱旋門賞、17・19年のキングジョージ6世&クイーンエリザベスステークス（イギリス・アスコット競馬場・芝2390m）とヨークシャーオークス、18年のブリーダーズカップターフ（アメリカ・チャーチルダウンズ競馬場・芝2400m）など

注10　【ランフランコ・デットーリ】イタリア出身。これまでにラムタラ、ゴールデンホーン、エネイブルなど5頭で凱旋門賞6勝を挙げている世界的名手。ビッグレースで勝利した後、馬の背から飛び降りる「デットーリジャンプ」が有名

注11　【ディープインパクト】14戦12勝。2005年に日本競馬史上6頭目のクラシック三冠を達成。06年の天皇賞・春（京都競馬場・芝3200m）、宝塚記念（阪神競馬場改修工事のため、この年は京都競馬場・芝2200m）を制したのち、満を持して凱旋門賞に挑み3位入線するも、レース後の検査で呼吸器疾患に使われる薬物の残留が発覚し、失格。その後、ジャパンカップと有馬記念（中山競馬場・芝2500m）を優勝し引退。同年、日本の調教馬としてはじめて、芝長距離部門で世界ランキング1位になった"日本近代競馬の結晶"。2012年から7年連続リーディングサイヤー

注12　【キングカメハメハ】8戦7勝。おもな勝ち鞍に2004年のNHKマイルカップ（東京・芝1600m）、ダービー。2010年から2年連続リーディングサイヤー

注13　【シンザン】19戦15勝（2着4回）。1964年に戦後初となるクラシック三冠を達成し、翌年、宝塚記念（阪神競馬場・当時は芝2000m）、天皇賞・秋（東京競馬場・当時は芝3200m）、有馬記念も制した、日本を代表する歴史的名馬

注14　【セントライト】12戦9勝。1941年に横浜農林省賞典四歳呼馬（現在の皐月賞／当時は横浜競馬場・芝1850m）、東京優駿競走（現在のダービー）、京都農林省賞典四歳呼馬（同菊花賞）を制し、日本競馬史上はじめてクラシック三冠を達成した

リルドルフ[注15]にしても、一世を風靡したオグリキャップ[注16]にしても、このままではだんだん記憶の底に埋もれていってしまう。実際、かつてあれほど世間を熱狂させたハイセイコー[注17]を知らないファンが、いまでは多い。

しかし、年に一度でも馬名がついたレースが行われれば、ファンの記憶も色褪せないだろうし、ＪＲＡの売り上げにも貢献できるのではないだろうか。２００７年の有馬記念[注18]を制し、オールカマー（芝２２００ｍ）を３連覇（07〜09年）するなど、中山競馬場で大活躍をしたマツリダゴッホ[注19]のように、各競馬場で異様な強さを発揮した馬の名前をレース名に据えるというのも、おもしろいかもしれない。

いずれにしても、私たち調教師にしてみれば励みになるし、ファンも「あの時、自分の馬券はこうだった」「当時はこんなことしていたな」などと、その時、その時代を思い返すきっかけにもなる。ディープインパクトやキングカメハメハの子や孫といった血脈にも、注目が集まる。

それが競馬＝ブラッドスポーツの深みというものではないだろうか。

１９７８年から中央競馬に身を置いてきた私はこれまで、馬主さんや騎手をはじめとする多くの競馬関係者やファンのみなさんに支えられてきた。１９９０年に厩舎を開業後はなかなか重賞を勝つことができず、少なからず苦労もあったが、おかげさまで牝馬三冠を成し遂げてくれたアパパネ[注20]やアーモンドアイなど多くの馬にも恵まれ、いよいよ調教師としてのゴール＝定年を間近に控えるところまでたどり着いた。

そんな折、思いがけず「本を書いてみないか」という誘いを受けた。

たしかに、先述した日本馬の著しい進化だけでなく、この40年間で私たち調教師を取り巻く環境もずいぶん変わった。海外レースに挑む馬が増え、外厩《がいきゅう》（92頁参照）も

注15【シンボリルドルフ】16戦13勝。１９８４年に日本競馬史上4頭目のクラシック三冠を達成。ほかの勝ち鞍に、84～85年の有馬記念、85年のジャパンカップなど

注16【オグリキャップ】32戦22勝。岐阜・笠松競馬場等地方競馬で10勝を挙げたのち、１９８８年中央競馬に移籍。おもな勝ち鞍に、88・90年の有馬記念、89年のマイルチャンピオンシップ（京都競馬場・芝１６００ｍ）、90年の安田記念（東京競馬場・芝１６００ｍ）など

注17【ハイセイコー】22戦13勝。大井競馬場で6連勝ののち、中央競馬に移籍後4連勝し「地方競馬の怪物」として人気を博したアイドルホース。おもな勝ち鞍に１９７３年の皐月賞、ＮＨＫ杯、74年の宝塚記念、高松宮杯

注18【有馬記念】中山競馬場・芝２５００ｍ。数々の名勝負が繰り広げられた、1年を締めくくる暮れの風物詩

注19【マツリダゴッホ】国枝厩舎が手掛けた牡馬。27戦10勝。うちＧⅠ1勝

注20【アパパネ】国枝厩舎が手掛けた牝馬。19戦7勝。２０１０年に日本競馬史上3頭目の牝馬三冠を達成。その他の勝ち鞍に、09年の阪神ジュベナイルフィリーズ（阪神競馬場・芝１６００ｍ）、11年のヴィクトリアマイル（東京競馬場・芝１６００ｍ）

充実してくるなど、まさにいま、日本競馬界は激変期を迎えているといっていい。

そこで、私のこれまでと競馬界が抱える諸問題について記しておくには、いいタイミングだと考え、本書を上梓した次第だ。

「詐欺師、ペテン師、調教師」!?

競馬界にはこんな言葉がある。「詐欺師、ペテン師、調教師」――。ずいぶんと乱暴な表現だが（笑）、言い得て妙だなあ、と私は思う。競争社会ゆえに夢もあり失敗もあり。酷い時には破綻も起こるのが競馬社会だ。つまり勝てば官軍である。

もちろん、はじめから相手を陥れようとしているわけではない。しかし、一縷《いちる》の可能性があれば、あの手この手で勝負を挑むのは、調教師の性《さが》かもしれない。

私にしても、絶対に走ると思った馬が、見立て違いでまったく芽が出なかったことがある。馬主に嘘をついてだましたつもりはない。逆に、期待していなかった馬が一世を風靡することもある。

馬主側も、これほどの経済動物を金儲けだけのために我々に託しているのではない。言ってしまえば余禄のなせる業《わざ》である。夢を買っている――そこにあらゆるタイプの人間が集まって来るのも、競馬社会の現実である。

実は、私はそんな部分も含めて、この世界が好きなのである。馬も人もさまざまなタイプがいて、この世界で共存している。その狭間で口八丁手八丁で結果を追求し、あらゆるモノを手の内に入れて采配するのも、調教師の生業の一部分だと思っている。

そんな私たち調教師は、ふだん何を重視して馬と接しているのか、どうすれば強い馬をつくることができるのか。あるいは、このままでは日本の競馬界は衰退してしまうのではないかという問題意識や、それを防ぐための改革案についても、本書ではできる限りわかりやすく記したつもりだ。

次世代に繋げていく責任

日本の生産界は、ＪＲＡの莫大な売り上げがもたらす豊富な資金をもって世界中の名血を集め、すばらしいサラブレッドを生み育てている。それらサラブレッドは日本競馬界のレベルアップに貢献し、世界に誇れる競馬を築き上げてきた。ＪＲＡも競馬開催を滞りなく行い、国に多額の国庫納付金を納めている。私たちにはこれからも、世界共通の財産であるサラブレッドをしっかりとした競馬のしくみの中で適正に扱い、その能力を競い、次世代に繋げていく責任がある。

ところが現在、ＪＲＡの現状においては、東西格差の問題（第５章）や多すぎる除外馬の問題（第６章）などの影響により、競馬の主役であるサラブレッドが適正に扱われていないという事態が起こっている。能力発揮の機会を十分得られなければ、正当な評価を受けることができない。これは馬に対したいへん失礼なことであり、競馬の世界においては重大な損失でもあるともいえよう。私が危惧するのは、まさにこの点なのである。

ＪＲＡは国に認められた唯一の競馬主催者であり、競合する同業他社が存在しない。ファンは地方競馬を除けばほかの商品＝レースを選択することができないため、市場原理が適正に働いているとは到底いえない。ＪＲＡにしてみれば、よりよい商品を提供せずとも、経営危機に陥ることはまずない。だからこそ事なかれ主義がはびこり、商品の品質保証の根幹に関わる東西格差や除外馬の問題などが何十年も放置されているのだろう。

本書によって一人でも多くの人々に、私の思いを共有していただきつつ、今後さらに日本の競馬界が発展していくことを強く願っている。

現役調教師 JRA通算勝利数

	名前（所属）	勝利数	うち重賞（GⅠ）	代表馬
1位	藤沢和雄（美浦）	1464勝	116勝（28勝）	グランアレグリア、レイデオロ、ソウルスターリング、サトノアレス、スピルバーグ、ダンスインザムード、ゼンノロブロイ、シンボリクリスエス、ゼンノエルシド、シンボリインディ、タイキシャトル、スティンガー、シンコウキング、タイキブリザード、バブルガムフェロー、シンコウラブリイ
2位	国枝 栄（美浦）	880勝	49勝（15勝）	アーモンドアイ、ダノンプラチナ、アパパネ、マイネルキッツ、ピンクカメオ、マツリダゴッホ、ブラックホーク
3位	山内研二（栗東）	863勝	48勝（6勝）	アローキャリー、ダンツフレーム、チアズグレイス、シルクプリマドンナ、イシノサンデー、ダンツシアトル
4位	音無秀孝（栗東）	823勝	72勝（10勝）	インディチャンプ、ミッキーロケット、ミッキーアイル、カンパニー、オウケンブルースリ、サンライズバッカス、ヴィクトリー、オレハマッテルゼ
5位	安田隆行（栗東）	789勝	37勝（11勝）	グレープブランデー、ロードカナロア、カレンチャン、トランセンド
6位	角居勝彦（栗東）	723勝	80勝（26勝）	サートゥルナーリア、ロジャーバローズ、キセキ、リオンディーズ、エピファネイア、アヴェンチュラ、ヴィクトワールピサ、ウオッカ、トールポピー、カネヒキリ、シーザリオ、ハットトリック、デルタブルース
7位	藤原英昭（栗東）	706勝	51勝（10勝）	ミスターメロディ、エポカドーロ、ストレイトガール、トーセンラー、エイシンフラッシュ、サクセスブロッケン、エイジアンウインズ
8位	橋田 満（栗東）	705勝	62勝（11勝）	ディアドラ、スズカフェニックス、アドマイヤマックス、スズカマンボ、アドマイヤグルーヴ、アドマイヤベガ、サイレンススズカ、アドマイヤコジーン
9位	森 秀行（栗東）	685勝	45勝（6勝）	キャプテントゥーレ、ノボトゥルー、エアシャカール、シーキングザパール、レガシーワールド
10位	池江泰寿（栗東）	670勝	79勝（20勝）	アルアイン、サトノダイヤモンド、ミッキークイーン、ラブリーデイ、オルフェーヴル、ドリームジャーニー

JRAホームページをもとに作成（2019年9月16日時点）

特別インタビュー　クリストフ・ルメール（騎手）

「国枝調教師とは哲学が一緒」

大事なのははじめてのレース

競馬のことで僕ら二人は難しいことは話さない。国枝調教師はいつも「じゃ、よろしく」ってニコニコしている。競馬が終わって、もし負けても何も言わない。馬の状態とか敗因について聞かれることはあるけど、それは彼の仕事だから。でも負けたことについて文句を言われたことはない。

そのかわり、国枝調教師は強引な走りを嫌っている。特に新馬戦は、競走馬のレースキャリアの始まりなので、すごく大切になる。もしバッドレースだったら馬がレースを嫌いになってしまって、次のレースであまり走りたがらなかったり、エキサイトし過ぎたりしてしまうことがあるからだ。

だから、負けても国枝調教師は「オーケー、ノープロブレム。いい練習でした。次のレースはもっと活躍するかもしれない。問題ないです。次のレース勝ちましょう」と言ってくれる。

（L-R）Kunieda Sakae, Christophe Lemaire

Japan Cup, 25 Nov 2018 | PHOTO : Yoshifumi Nakahara/AFLO

ヨーロッパには〝ホースファースト〟の調教師が多いけれど、彼も同じタイプで、ヨーロピアン・トレーナーによく似ている。調教でも馬をあまりプッシュしない。本番のレースで馬のポテンシャルをいかに引き出すかを意識している。そこは藤沢和雄調教師とも共通している。

僕が2002年にJRA騎手の短期免許を取って日本に来た時は関西（栗東《りっとう》）にいて、国枝調教師がいる関東（美浦《みほ》）にはあまり行かなかったので、彼の顔は知っていたけど印象は薄かった。はじめてのコンビは中京競馬場で、2005年の冬。3歳以上500万下、バンダムハリアーで5着だった。そこでもあまり喋った記憶はない。パドックの時にレース展開について「あの馬が前か後ろか……」ぐらいの会話だった。

それから10年以上のブランクがあり、2015年に通年免許を取得した翌年、東京競馬場で国枝調教師のサンマルティンという3番人気の馬で1着になった。そこからは関東にも行く機会が増え、彼の厩舎の馬でたくさん勝つようになって、「国枝先生は凄い」と思うようになった。

その後コミュニケーションが少しずつ増えて、騎乗依頼のあった馬を中心にした話ではあったけれど、彼はいつも僕を信頼してくれ、モチベーションを高めてくれる。国枝調教師と僕とは、競馬に関する哲学というか考え方（〝ホースファースト〟）が一緒で、それがより一層、お互いの信頼関係を強くしてくれた。

そこに登場したのが、アーモンドアイだった。

アーモンドアイ「強さ」の理由

はじめて乗った時は驚いた。柔らかさ、瞬発力、どれを取っても将来が楽しみだ、とすぐに感じた。もちろんその時点で、牝馬三冠とかドバイターフ制覇の可能性とかわかるはずもなかったが、相当強くなる素質は秘めていた。国枝調教師はここでも何も語らなかったけど、彼の顔は自信に満ちていた。

デビュー戦でこそ、１４００ｍという距離で前に行った（減量騎手の）野中悠太郎騎手に負けてしまったけど、ラスト３００ｍは凄い脚を使い、飛びは驚くほど柔らかかった。

アーモンドアイが素晴らしいのは、まずその身体能力、柔らかさ、そして自らレースを意識する頭の良さと集中力の高さ。最後の直線で前脚が伸び、蹄で馬場をつかみにいくイメージ。サインを入れなくても、自ら手前を変える。それも3完歩、凄い時には2完歩で左右のフラインングチェンジをする。まるで馬場馬術の馬のように。それでも馬の背中が揺れたり、馬体の軸がブレたりすることはない。

だから僕は、馬上では彼女の走りを邪魔しないように、騎乗姿勢がブレないように彼女と一体になることを心がけている。

ドバイターフも自信はあった。（当初出走が予想されていた２４１０ｍのドバイシーマクラシックではなく）距離が１８００ｍと短くなり、賞金は３６０万ドル（約３億９６００万円）と高額。１００ｍで20万ドル（２２００万円）の計算になるから、効率がよくなったことを、国枝調教師は「ショートディスタンス、ビッグマネーだ」と言って取材陣を笑わせていた。

狙った通りに勝てたから、国枝調教師と二人で喜んだ。彼とはいつもそうやってハッピーになれる。

アーモンドアイとなら凱旋門賞に行っても自信があった。そのポテンシャルは十分にあって、日本の競馬関係者もファンもみんな出走を望んでいたこともわかっていた。

凱旋門賞は僕にとって、どうしても勝ちたいレース。僕はもうフランスの騎手免許を返上し、日本の免許しか持ってないので、だからこそ母国フランスの最高峰レースを日本の騎手として、日本馬の初制覇に貢献したい気持ちで一杯だ。アーモンドアイにはその可能性は十分にあったけど、仕方がない。馬にとってのリスクを回避するのは国枝調教師と同じ意見だ。彼とは哲学が一緒だから。

日本の競馬ファンに感謝

でも今後、日本の競馬ファンの熱烈な後押しがあれば、日本馬による凱旋門賞制覇の夢は必ず叶うと思う。実は今年春の騎乗停止中にすごい体験をした。ちょうど東京にいて、浅草で三社祭という大きなフェスティバルが開催されていたので、こんな機会はめったにないと思い、家族で行ってみた。

伝統的な祭りで感動したんだけど、日曜なのでやっぱりどうしても競馬が気になって仕方がない。すると一つのストリートに並んだ屋台のような店でみんなが競馬中継を見ている。どの店内にも大きなテレビモニターがあって。どういうことだと驚いたけど、うれしくなって僕は思わず店に入った。ちょっと身を隠すようにして。

でも、「あっ、ルメールだ」ってすぐに気づかれて……握手したり写真撮ったり、あたたかく歓迎してくれた。日本人はみんな競馬が好きで、応援してくれる。そして東京のストリートで盛り上がっている光景に心を奪われた。

アーモンドアイの次走は天皇賞・秋（東京競馬場・芝２０００ｍ）と聞いているけど、僕はその前に凱旋門賞に別の馬で挑戦する。どんなレースでもいつも日本のファンの声援を背負っていることは忘れない。

あっ、国枝調教師に言っておきたいことを思い出した。プライベートでよく一緒にゴルフをするんだけど、先生のほうがいつも僕より上手なんて納得いかない。マジで（笑）。次のゴルフでは負けませんよ（笑）。

（２０１９年６月21日取材）

国枝厩舎

2019年安田記念追い切り直後のアーモンドアイ（右）

目次

〈おことわり〉各レースの条件（距離等）はＪＲＡホームページなどに基づき記載した。現役の騎手や調教師、競走馬の成績は２０１９年9月16日時点のものとしている

第１章　調教師が大事にしていること

ヒカルイマイとＴＴＧ

１９５５年、笠松競馬場のある岐阜県に生まれた私が競馬界入りを志した理由としては、やはり競馬ファンだったことが大きい。中学の時の友人の影響で競馬が好きになり、よくテレビを見たりラジオを聞いたりしていた。１９７０年、東西両雄の対決でファンを沸かせたタニノムーティエ[注21]とアローエクスプレス[注22]の時代のことだ。

私はヒカルイマイ[注23]のファンだった。サラ系[注24]で、生まれもって肋骨が１本陥没していたり、気性が荒かったりするなど、いわくの多い馬だったが、１９７１年に皐月賞とダービーを制した時は、まさにファン冥利に尽きる思いだった。とりわけ28頭立てで行われたダービーが圧巻で、３角（3コーナー）27番手から猛追の末、見事に差し切る〝電撃の差し脚〟は見応えがあった。

自分が見込んで応援していた馬がダービーを制したことが、のちに競馬界を目指す際の自信にもつながった。また、ヒカルイマイの後方一気のイメージが、今でも少なからず、馬づくりに影響しているのだろう。現在に至るまで、あまり強力な逃げ馬を仕上げようとはしていない。

その後、馬に関わる仕事を意識して獣医学科のある大学を受験した。地元の岐阜大学や距離的に近い大阪府立大学という選択肢もあったが、私にとって競馬といえばやはり、ビッグレースが開催される関東だったので、東京競馬場にほど近い東京農工大学農学部を選んだ。

進学後は馬術部に入り、当時は学業よりももっぱら馬との時間に多くを割いた。農工大の馬術部には、東京競馬場の装鞍所やパドック脇での誘導馬の手入れなどのアルバイトがあり、大学から自転車を漕いで15分くらいの距離を足繁く通ったのだけど、それが楽しかった。

注21【タニノムーティエ】19戦12勝。おもな勝ち鞍に1969年のデイリー杯3歳ステークス、京都3歳ステークス、阪神3歳ステークス、70年のきさらぎ賞、弥生賞、スプリングステークス、皐月賞、ダービー。NHK杯（東京競馬場・当時は2000m）はアローエクスプレスの2着。クラシック三冠を期待されるも、菊花賞で11着に敗れ、引退

注22【アローエクスプレス】14戦7勝。おもな勝ち鞍に1969年の京成杯3歳ステークス、朝日杯3歳ステークス、70年の京成杯、NHK杯。スプリングステークス、皐月賞はタニノムーティエの2着

注23【ヒカルイマイ】15戦7勝。おもな勝ち鞍に1971年のきさらぎ賞、皐月賞、NHK杯、ダービー。クラシック三冠を目指すも、菊花賞を前に屈腱炎を発症。2年の休養を経て引退

注24【サラ系】サラブレッド系種／血統不詳のため、純血のサラブレッドとして認められていない馬のこと

当時はまだ美浦のトレーニング・センター（トレセン）が建設中で、本厩舎のある中山競馬場から東京競馬場のレースに出走させる場合、府中の出張厩舎まで馬を連れ出す必要があった。そのため、私たちはレース終了後、馬が出払った出張厩舎の馬房掃除に行っていて、その時たまたま、シンザンの仔のスガノホマレ[注25]を見かけた。レース後の手入れが済んだあとだったので馬体はピカピカ。砂を被ったりするので、ちょうど目を洗ってワセリンを塗った直後だったのだけど、本当にもう、目がクリックリで。ふだん馬術部で跨っている乗馬とはまったく違う美しさに驚いたことをよく覚えている。

ＴＴＧと称された、トウショウボーイ[注26]、テンポイント[注27]、グリーングラス[注28]といった名馬のデビュー時期を目の当たりにしたことも印象的だった。トウショウボーイが元気よく飛び跳ねていた姿はいまも強く目に焼きついているし、海外遠征予定のテンポイントが78年日経新春杯（京都競馬場・芝２４００ｍ）のレース中に骨折、競走中止となった末の悲劇（自然死）に衝撃を受けた。

私が学生だった１９７０年代は、ハイセイコー[注17]が国民的人気を集めて第１次競馬ブームが巻き起こるなど、競馬が博打からエンターテインメントや文化に変わる時代だった。競馬をテーマにした志摩直人さんの詩が話題となり、寺山修司さんの随筆やイギリスの元障害騎手だったディック・フランシスの小説を読み耽り、杉本清さんの名実況に酔いしれた。

いちファンとしての競馬への憧れが私の根底にはあったため、大学卒業後はファン目線で楽しみながら馬づくりをしたいと思っていた。そうしたところ、馬術部関係の知り合いで、八木沢勝美厩舎で働いていた高橋裕さん（現・調教師）から、山崎彰義調教師（2002年引退）が大卒者の調教助手を探していると教えられ、紹介してもらった。

注25【スガノホマレ】45戦8勝。おもな勝ち鞍に1971年の福島3歳ステークス、73年の東京新聞杯

注26【トウショウボーイ】15戦10勝。おもな勝ち鞍に1976年の皐月賞、神戸新聞杯、京都新聞杯、有馬記念、77年の宝塚記念、高松宮杯（中京競馬場・当時は芝2000m）。菊花賞でグリーングラスの3着

注27【テンポイント】18戦11勝。おもな勝ち鞍に1975年の阪神3歳ステークス、76年の東京4歳ステークス（現在の共同通信杯）、スプリングステークス、77年の京都記念・春、鳴尾記念、天皇賞・春、有馬記念。皐月賞でトウショウボーイの2着、菊花賞でグリーングラスの2着。76年の有馬記念でトウショウボーイに敗れるも、翌年雪辱を果たした

注28【グリーングラス】26戦8勝。おもな勝ち鞍に1976年の菊花賞、78年の天皇賞・春、79年の有馬記念。77年の天皇賞・春でテンポイントの4着、宝塚記念でトウショウボーイの3着、有馬記念でテンポイントの3着

サクラショウリ[注29]がダービーを制した1978年、幸いにして私は、開業したばかりの美浦トレセンで調教助手として働くことになった。

山崎厩舎時代に得たもの

実際に厩舎で働いてみると、あらためて馬術部時代の馬と競走馬との差を痛感した。皮膚が薄く、馬体の光沢がまるで違う。飼葉の質も段違い。馬は若くて元気があるので、最初は戸惑うことが多かった。

だからといって、もう競馬ファンだけではいられない。周りは競争相手なんだと努めて意識しようとした。競走馬は非常に高価な動物で、しかもその優劣を競って賞金を獲得するのが競馬の市場原理だからだ。

山崎彰義調教師はもの凄く真面目な人で、苦労人という感じだった。競馬界というと、金銭的にややこしい話をよく耳にするが、お金に対する執着とかがあまりなかった。その反面、強い馬をつくりたいという欲もあまり強くなかったように見受けられた。いまになって思えば、強い馬が出れば出たでいろんな人たちが集まって来るだろうから、だからこそ、いい馬を積極的に獲りに行くということをしなかったのかもしれない。

決して野心家ではなかったが、逆に馬には非常に丁寧に接していた。いつも角砂糖を持ち歩いていて、馬を褒めたりなだめたり。まさに飴と鞭ではないけれど、上手に馴致《じゅんち》していた。そこは勉強になり、私と相通ずるものがあった。

〝ホースファースト〟の、無理をしないで馬をつくるという考え方の原点は、山崎厩舎での調教助手時代に培われた部分も多い。

イギリス研修

調教助手時代の1984年、もともと海外の競馬事情に関心を抱いていた私は、JRAの研修制度によって、本場イギリスの競馬を体験する機会に恵まれた。レインボウクエスト[注30]やダンシングブレーヴ[注31]といった英国馬が凱旋門賞を制する少し前のことだ。

注29【サクラショウリ】24戦8勝。おもな勝ち鞍に1978年の東京4歳ステークス、ダービー、79年の宝塚記念

注30【レインボウクエスト】14戦6勝。1984年の凱旋門賞では18着と大敗。翌85年は2着入線したところ、1位馬（サガス）が進路妨害で降着となったため、繰り上げ優勝をはたす。産駒のソーマレズも90年の凱旋門賞を優勝するなど、種牡馬として活躍した

注31【ダンシングブレーヴ】10戦8勝。おもな勝ち鞍に1986年のキングジョージ6世&クイーンエリザベスダイヤモンドステークス、凱旋門賞など。引退後、病気が理由で割安で日本に輸出されたものの、活躍馬を多数輩出した

この制度は、１９８３年のジャパンカップに出走したハイホーク[注32]の馬主、アラブ首長国連邦ドバイのシェイク・モハメド殿下が日本滞在中にＪＲＡから受けた歓待に感謝し、そのお返しとして始まったものだ（ドバイ奨学生制度）。

今のようにインターネットでなんでも見られる時代とは違い、当時の現地での体験はその後の調教師の仕事においても貴重な財産となった。研修で得た内容は、競馬関係者向けの教材『諸外国における競馬事情、米、仏、英』（１９８６年7月発行・日本中央競馬会）として、まとめられている。

それまで日本の馬術や競馬といえば、軍隊式の「乗った者が御す」というところに端を発しているためか、どうしても人間の力ずくや精神論に依る部分が多かったが、まったく別の考えがイギリスにあったことに驚いた。

また、今の日本の〝働き方改革〟にも似た考えが、30年前のイギリスでは馬に対してすでに導入されていた。その時受けた衝撃が、現在の私の馬づくりに活かされているといっても過言ではない。

若干長くなってしまうが、私の調教師としての原点をお伝えするべく、同書に寄稿した文章を読みやすくなるよう一部改変のうえ、転載したい。

長年夢に描いていた競馬発祥の地・イギリスへの旅がシェイク・モハメド氏のスポンサーによる研修として無事終了した。今振り返ってみれば、こんな素晴らしい経験はもうできないのではと思うほどである。

出発する前に目標とした、「馬とはどういうものであるか、競馬とはいったいどういうものであるか」を完全にとはいかないまでも、自分なりに理解できたようである。というよりも、理解できそうになったといった方が正しいかもしれない。本当にすべてを納得しようと思ったら、馬の生産から育成、売買、調教、レース、繁殖といったサイクルを何年もかかって体験しなければならないだろう。

そこで初めて自分の理論が成りたち、他の人々と討論してゆけると思う。ところが、わずか2ヵ月の体験ではうわべだけをながめたにすぎないだろう。しかし欲を言ったらキリがないのであり、これだけの期間だけでも本物に接することができたのは、この上ない幸せである。以下、この研修によって感じたことを述べてみようと思う。

注32【ハイホーク】13戦6勝。ジャパンカップでは1番人気に推されるも13着。1996年の同レースを制したシングスピールの父母

馬とは蹴とばす動物である。蹴とばすから絶対に後ろから近づいてはいけない。「馬に近づく時は、斜め前方からオーラ、オーラと声をかけながら近づくんだよ」と馬に携わり始めた頃、先輩に教えられた。

ところがイギリスではどうだろう。馬は馬房の奥にチェーンで繋がれており、人はどうしても馬の後ろから近づかねばならない。馬が蹴るのは人を信頼していないからであり、馬が蹴る動物だと思うのは、人が馬を信頼していないからであろう。外国の馬はおとなしいとよく言われるし、実際イギリスにおいても馬はおとなしい。というよりも、行儀がいいのである。馬房で繋がれ手入れをされる時など、気持ちよさそうに尾をゆったり振り、じっと立っている。人が馬の後ろにまわってクオーターマーク（馬の腰に手入れブラシを用いて入れた模様のこと）をつけようが、じっとしている。ポニーショウにおいても子どもが馬の腹の下をくぐり抜け、横から跳び乗り後ろ向きになっても、じっと立っている。しかしいざ調教、競技となるとすごい勢いである。

ボールディング調教師（1971年に管理馬ミルリーフで欧州三冠〈イギリスダービー、キングジョージ6世&クイーンエリザベスステークス、凱旋門賞〉を達成）の所属馬でリバースペイというミルリーフの3歳牝馬に乗ってダウンズへギャロップ（最も速い走り方）に行った時のことだ。前の組がギャロップで走り去るのを待っていると、リバースペイはもう行きたくてしょうがなく、カリカリしていた。私はネックストラップを摑んでいたにもかかわらず、振り回されて落とされてしまった。ところが再騎乗しギャロップに入ると、無心にただひたすらグングンと丘を駆けて行くのだ。

ギャロップがすむと息はハフハフとはずんでいるものの、まるで何事もなかったかのようにおとなしくなってしまう。気持ちの切り替えがはやいというか、その場、その時の状況に適した反応を示すのである。

これはレースにおいても見られる。装鞍所とかパドックとかにおいて、馬は実にゆったりとしている。確かに中にはいれ込んでうるさくしている馬もいるが、ヘルメットをかぶり安全靴を履かなければ扱えない馬はいない。

ゲートにおいてもそうである。馬も人ものんびりと構えており、時には下馬してゲートインが始まるまでの間、ゲートのそばで馬を曳いている騎手さえいる。馬はゲートに入るのを嫌がっても、おそれおののいて係員を蹴ることなどせず、両方から組まれた腕で押されるとゲートに入ってゆく。そしていざスタートとなると身構えレースにそなえる。

といったように、馬は人が要求することに反応し、あまり余計なことに気をまわさないのである。もちろん、馬おのおのは性格、癖が異なりトラブルを起こすのもいるし、休み明けで元気一杯であれば物を見て横に跳んだり、物音に驚いて跳ねまわるものもいる。

しかし、一般的に馬と人の信頼関係はうまくできあがっている。この信頼関係を築くのは調教、生まれた時からの教育、扱いであろう。これがうまくなされているから、大変行儀がいいのだ。

そしてもうひとつの問題である。

前述した行儀のこともストレスとかかわるのであるが、ストレスがたまっている、言葉をかえるとイライラ、カリカリする馬はあまり見かけなかった。一日の調教のペースが非常にゆったりしており、調教の終わりには草を食べさせたり日光浴をさせたりして、その日の調教のストレスを解消させてしまうのだ。そして馬房内でじっとして疲れをいやす。このように調教場の規模、調教の方法はもとより、馬の精神的管理についても非常に学ぶ点は多かったのである。

シャドーロールとボルサリーノ

このほか、研修で参考になったこととしては、ボールディング調教師が使用していた、白いシャドーロールがある。

シープスキンの大きなノーズバンドで、自分の影に驚かないようにしたり、馬の頭を下げたりするための矯正馬具としての効果はもとより、広い調教場や競馬場で自厩舎の馬が目立つという意味で、「これはいい」と私もイギリス研修以来、使用している。

実際、トレセンには相当数の馬がいるので視認性が高くて便利だ。調教段階の早いうちから着けていれば、本番のレースで嫌がることもないので使用していた。

その後、頭絡《とうらく》のノーズバンドに白いカバーを巻く程度の小さい物に改良したところ、それが私の厩舎の定番となった。

それともうひとつ、イギリスのホースマンは競馬の時にみんなボルサリーノを被っていて、それがとても恰好よかった。さっそく向こうの帽子屋で購入。私が競馬場でボルサリーノを被るようになったのは、この海外研修がきっかけだった。

厩舎開業

調教助手の傍ら、調教師試験[注33]に向けて競馬関連法規や馬学、衛生学、運動生理学などの勉強を重ねた私は、1989年に合格、翌90年に自分の厩舎を開業した。

初出走はその年の2月4日、東京競馬場第3レースのシャインバードで11着。初勝利は同年3月10日、中山競馬場第10レース（千葉日報杯）のリュウカムイだった。のべ出走9頭目での勝利。優勝馬に肩掛けが贈られてうれしかったのを覚えている。

だが、そこから重賞勝利までが長かった。なんと8年もかかってしまったのだ。

その間、「自分には運がないのかな」などと思い悩むこともあったが、反面、「そのうちにきっと運が向くだろう」と楽観していたところもあった。あせってもしょうがないだろうと。

今にして思うと、もっと早くから能動的に自分が動いていれば、その後の展開は違ったものになったかもしれない。馬主さんに働きかけて強い馬を買ってもらうとか、自ら馬産地を歩いて良馬を斡旋するといった、いわゆる〝調教師の営業〟である。

だが、〝営業〟についてはあまり熱心ではないものだから、そこまでやろうとは考えることがなかなかできなかった。このあたりは、師匠であった山崎調教師に似ていると思う。欲を出せば必ず随所に無理が生じて馬づくりに支障が出る気もした。

初重賞勝利

そんな私に突如、転機が訪れる。

1995年、〝調教師の営業〟として、アメリカ・ケンタッキー州のキーンランドを訪れていた私は、同地のセリでブラックホーク[注34]を購入した吉田勝己[注35]さんと、宿泊先のヒルトンホテルのトイレで偶然居合せた。そこで私が「調教師は決まっています

注33【調教師試験】第一次試験では、学力および技術に関する3つの筆記試験〈〈イ〉競馬関係法規に関する専門的知識および労働関係基本法規に関する一般知識、〈ロ〉調教に関する専門的知識、〈ハ〉馬学、衛生学、運動生理学、装蹄・飼養管理および競馬に関する専門的知識〉と身体検査がある。第二次試験では、学力および技術に関する4つの口頭試験〈〈イ〉競馬関係法規、厩舎の経営および管理に関する専門的知識並びに一般常識、〈ロ〉衛生学、運動生理学、装蹄および飼養管理に関する専門的知識、〈ハ〉馬学および競馬に関する専門的知識、〈ニ〉調教に関する専門的知識〉と人物考査がある

注34【ブラックホーク】国枝厩舎が手掛けた牡馬。28戦9勝。うちGI2勝

注35【吉田勝己】日本一の競走馬生産牧場集団「社台グループ」創業者・故吉田善哉氏の次男で、グループの一角を占めるノーザンファームの代表。2018年に開催されたJRAのGI26レース（障害含む）中、16レースをノーザンファーム生産馬が優勝するなど、活躍馬はここに書ききれないほどで、日本競馬界における存在感は圧倒的

か」と尋ねると、決まっていないとのことだったので、「じゃあ、やらせてください」と頼んでみたところ、オッケーが出た。

しかもその後、吉田さんから「実はある人と半分ずつ、共有になっている」と教えられ、はじめて金子真人[注36]さんの存在を知ることに。この時の縁がきっかけで、私の調教師としての道は拓けていくのだ。

1998年、ブラックホークはダービー卿チャレンジトロフィー（岡部幸雄[注37]騎手）で初重賞勝利をもたらすと、翌99年にはスプリンターズステークス（横山典弘[注38]騎手）を制し、思いもかけずGI初勝利までプレゼントしてくれた。同馬は2001年の安田記念にも優勝している。

もちろん、うまいことがそう続くわけもなく、その後再び、しばらくGI勝利から遠ざかってしまっていたところ、07年、救世主が現れる。ブラックホークの半妹に当たるピンクカメオ[注39]——またしても、金子さんの所有馬だ。

同年の桜花賞で14着に沈んだピンクカメオをオークスに出そうとしていたところ、金子さんの進言を受けてNHKマイルカップ（内田博幸[注40]騎手）に登録。前走の大敗がたたりブービー人気（18頭中17番人気）だったが、ここで彼女は本領を発揮し、1番人気のローレルゲレイロ[注41]を抑えて厩舎6年ぶりのGI勝利をもたらしてくれたのだ。
この時の喜びはいまでもよく覚えている。

注36 【金子真人】ITシステムの開発やコンサルティングサービスなどを手掛ける図研（東証一部上場）の創業社長。2005年にクラシック三冠を達成したディープインパクトや、04年のNHKマイルカップとダービーをレコード勝ちしたキングカメハメハをはじめ、数々のGI馬を所有する日本有数の馬主でもある。これまでにダービー4勝

注37 【岡部幸雄】JRA通算2943勝。おもな騎乗馬にダイナカール（1983年オークス）、シンボリルドルフ（注15）、ビワハヤヒデ（93年菊花賞、94年天皇賞・春、宝塚記念）、バブルガムフェロー（95年朝日杯3歳ステークス）、タイキシャトル（97年スプリンターズステークス〈中山競馬場・芝1200m〉、98年安田記念、ジャック・ル・マロワ賞〈仏〉、マイルチャンピオンシップ）、シンボリクリスエス（2002年天皇賞・秋）など

注38 【横山典弘】JRA通算2759勝（2019年9月16日時点）。おもな騎乗馬にメジロライアン（1991年宝塚記念）、トロットサンダー（95年マイルチャンピオンシップ、96年安田記念）、セイウンスカイ（98年皐月賞、菊花賞）、ロジユニヴァース（2009年ダービー）、カンパニー（09年天皇賞・秋、マイルチャンピオンシップ）、ワンアンドオンリー（14年ダービー）など

注39 【ピンクカメオ】国枝厩舎が手掛けた牝馬。21戦4勝。うちGI1勝

注40 【内田博幸】JRA通算1217勝（2019年9月16日時点）。大井競馬場で史上16人目となる地方競馬通算3000勝達成ののち、08年中央競馬に移籍。おもな騎乗馬にエイシンフラッシュ（10年ダービー）、ゴールドシップ（12年皐月賞、菊花賞、有馬記念、13年宝塚記念）など

注41 【ローレルゲレイロ】31戦5勝。おもな勝ち鞍に2009年高松宮記念、スプリンターズステークス

有馬記念と天皇賞・春を制覇

スプリント、マイルに加え、長距離でも徐々に結果を残せるようになってきた。マツリダゴッホ[注18]（蛯名正義騎手[注42]）と、マイネルキッツ[注43]（松岡正海騎手[注44]）だ。

マツリダゴッホは、中山競馬場で無類の強さを発揮してくれた。なんと、オールカマー３連覇（２００７〜０９年）を含む10勝中８勝が、中山で挙げたものだった。特筆すべきは、９番人気ながら、ダイワスカーレット[注45]、ウオッカ[注46]、メイショウサムソン[注47]といった当時の実力馬を撃破した２００７年の有馬記念だ。厩舎初となるグランプリ制覇を成し遂げたときは、ファンのころから憧れていたレースということもあり、非常に感動した。

マイネルキッツにも感謝している。２００５年のデビュー後、10歳で競走馬を引退する２０１３年まで、実に52戦（！）も走ってくれた。ステイヤーとしての能力が開花し、12番人気から優勝した芝３２００ｍの天皇賞・春（２００９年）だけでなく、芝２５００ｍの日経賞（２０１０年）、芝３６００ｍのステイヤーズステークス（２０１１年）を制して長距離路線を盛り上げてくれた。

またマイネルキッツは、私にとって忘れえぬ一頭でもある。なぜなら、マイネルキッツの母タカラカンナも、私の厩舎にいた馬だったからだ。もともとタカラカンナは道営競馬で2勝したのち、１９９６年中央に移籍してきた馬だった。5勝を挙げ引退すると、オーナーがチーフベアハートをつけて繁殖セリに出し、それをビッグレッドファーム注48が落として生まれたのが、マイネルキッツである。1歳の時に紹介され、実際に見たところ気に入り、扱うことになった。

注42【蛯名正義】ＪＲＡ通算２５３０勝（２０１９年9月16日時点）。おもな騎乗馬にバブルガムフェロー（１９９６年天皇賞・秋）、99年の凱旋門賞2着のエルコンドルパサー（98年ジャパンカップ）、トロットスター（２００１年高松宮記念、スプリンターズステークス）、マンハッタンカフェ（01年菊花賞、有馬記念、02年天皇賞・春）、10年に牝馬三冠を達成したアパパネ、フェノーメノ（13～14年天皇賞・春）、マリアライト（15年エリザベス女王杯〈京都競馬場・芝２２００ｍ〉、16年宝塚記念）など

注43【マイネルキッツ】国枝厩舎が手掛けた牡馬。52戦8勝。うちＧⅠ1勝

注44【松岡正海】ＪＲＡ通算８２４勝（２０１９年9月16日時点）。おもな騎乗馬に19年のクイーンエリザベス2世カップ（香港・シャティン競馬場）を制したウインブライトなど

注45【ダイワスカーレット】12戦8勝（2着4回）。おもな勝ち鞍に２００７年の桜花賞、秋華賞、エリザベス女王杯など。08年の有馬記念では1番人気に推され、牝馬として37年ぶりに優勝した

注46【ウオッカ】26戦10勝。２００７年ダービーのほかに、06年阪神ジュベナイルフィリーズ、08年安田記念、天皇賞・秋、09年ヴィクトリアマイル、安田記念、ジャパンカップを優勝。08～09年と2年連続で年度代表馬に選ばれた

注47【メイショウサムソン】27戦9勝。おもな勝ち鞍に２００６年の皐月賞、ダービー、07年の天皇賞春・秋連覇など

注48【ビッグレッドファーム】競走馬の生産牧場。前代表がマイネル軍団の〝総帥〟岡田繁幸氏

さらにいえば、妹のマイネカンナも私の厩舎にきて、2008年の福島牝馬ステークスを勝っている。自分の調教した馬の子どもたちが、巡って私のところに来て、しかも重賞を勝つことができたのは本当に感慨深いものがあるし、調教師冥利に尽きる。

そして、2009年5月にマイネルキッツが天皇賞・春を勝った勢いのまま、同年7月にデビューしたアパパネが翌2010年に牝馬三冠となってから、厩舎は一気に弾みがつく。


このように厩舎の開業からGIを勝利するまでには、多くの（馬はもちろん）人にお世話になってきた。競馬界に導いてくれた高橋裕調教師、師匠である山崎彰義調教師、大恩人である金子真人さんを紹介してくれた吉田勝己さんをはじめとする、多くの馬主さん……。

ここで挙げておきたいのが、私のボス的存在である藤沢和雄[注49]調教師だ。

藤沢調教師との関係

藤沢さんは1977年までの4年間、イギリスの名門ギャビン・プリチャード・ゴードン厩舎で厩務員として働いた時の経験をもとに、独自の競馬理論を形成した。私がイギリス研修に行った時期よりももっと以前に、藤沢さんは現地で働きながら〝馬優先主義〟（〝ホースファースト〟）を修得したのだから、見習うことばかりだった。

藤沢さんとは、彼が帰国後に菊池一雄厩舎で調教助手として働いていたとき以来の付き合いで、その競馬に対する哲学や競走馬への接し方、調教法などは、大変参考になった。

なぜなら、かつて競馬界といえば、馬のフィジカルな問題以前に、精神面でのケアがまったく考えられていないのが実態だったからだ。〈厩舎村のいたるところで、馬を大声で叱ったり、ハミのついた引き手を手荒に引くといった光景が日常的に見られた。馬房から引き出そうとしても出ない、指示とは違う方向に行こうとする、馬具の装着を嫌がって暴れる、そういったとき、少なからぬ厩務員が怒ったような声で馬を威嚇し、人間の命令に従わせようとしていた〉（藤澤和雄著『競走馬私論』〈祥伝社黄金文庫〉）

注49【藤沢和雄】ＪＲＡ通算１４６４勝（２０１９年９月16日時点）。１９８８年に開業後、最多勝利調教師賞を12度獲得するなど、日本を代表する調教師の一人。手掛けた馬に、バブルガムフェロー（95年朝日杯３歳ステークス、96年天皇賞・秋）、シンボリクリスエス（２００２～０３年天皇賞・秋、有馬記念）、ゼンノロブロイ（04年天皇賞・秋、ジャパンカップ、有馬記念）、レイデオロ（17年ダービー）など

しかし、そのことにかねて疑問を抱いていた藤沢さんの調教の特徴は、人間側の一方的な見方にこだわらず、「動物の感性に立っている」点なのだが、これを言葉に表すのがなかなか難しい。強いて説明するなら、会社の経営者が従業員を働かせるのと一緒で、働きたくない馬のコンディションを見ながら、時には叱咤して「運動会」で良い成績を上げさせるのである。

また調教師といえば馬だけではなく騎手、厩務員、馬主、ＪＲＡ職員との関係に配慮しつつ、厩舎をまとめ上げるマネジメント能力も必要なのだが、人望の厚い藤沢さんはそれらの能力にも長けている。間違いなく日本競馬界で成功した調教師の第一人者だ。

私が好きだったシンボリルドルフを管理していた野平祐二[注50]厩舎の調教助手も務め、岡部騎手と綿密な調教プランを立てて史上4頭目の三冠馬に育て上げた逸話をはじめ、「馬は芸術品である」と言う藤沢さんへの憧れが、私には常にあった。

しかしその一方で、私は当初、血統背景や将来性を考慮した馬を、自分から馬主さんに懇願するようなことはできなかった。これは、あまり押しが強くないという生来の気質に起因する。

そんな私に対し、藤沢さんはホッカイさん（北海牧場[注51]）やタイキさん（大樹ファーム[注52]）、シンコウの安田修[注53]さんやサトノダイヤモンドなどの里見治[注54]さんといった多くの有力馬主さんを何人も紹介し、一段階上の調教師へと導いてくれた。

調教師にとって、丁寧に一頭一頭仕上げていく積み重ねが〝最善の営業〟ではあるが、藤沢さんから学んだ、競馬に対する愚直なまでの探究心、真摯な姿勢もまた、私という調教師をかたちづくった重要なファクターといえる。

以上、私が調教師として大事にしていることについて一通りお伝えしたところで、

注50【野平祐二】元ＪＲＡ騎手・調教師。騎手として通算１３３９勝。おもな騎乗馬に１９６９～７０年に有馬記念を連覇したスピードシンボリなど。調教師として通算４０２勝

注51【北海牧場】おもな所有馬にホッカイルソー（１９９６年日経賞、99年オールカマー）、ホッカイカンティ（２００７年中京2歳ステークス）など

注52【大樹ファーム】おもな所有馬にタイキシャトル（１９９７年マイルチャンピオンシップ、スプリンターズステークス、98年安田記念）、タイキブリザード（97年安田記念）、タイキフォーチュン（96年ＮＨＫマイルカップ）など

注53【安田修】おもな所有馬にシンコウラブリイ（１９９３年マイルチャンピオンシップ）、シンコウキング（97年高松宮杯）、シンコウウインディ（97年フェブラリーステークス）など

注54【里見治】おもな所有馬にサトノダイヤモンド（２０１６年菊花賞、有馬記念）、サトノクラウン（16年香港ヴァーズ、17年宝塚記念）、サトノアレス（16年朝日杯フューチュリティステークス）など

次章ではどのように騎手を選び、どんな指示を出しているか、あるいはどのようにレース展開を予想しているか、といった〝調教師の戦略〟について説明する。

第2章　調教師の戦略

レースは生きもの

冒頭のルメール騎手のインタビューに、浅草で熱い競馬ファンに触れて感動したというエピソードがあった。調教師という立場上、ふだんは場外馬券場に行くことはないが、実は私も1989年に調教師試験に受かった直後、浅草に行ったことがある。研修の一環でJRAの浅草場外馬券場に赴き、場外馬券場の〝しくみ〟を学ぶためだった。

もし発走前に人気馬が取り消しにでもなったりしたら、その枠が完全に穴枠になってしまう可能性があり、ファンが納得しない場合も生じる。ファンと間近で接することで、自らの仕事の重大性を知り責任感を培うことも、研修の目的だった。

そんな場外馬券場や競馬場で馬券を購入する際、みなさんは騎手の個性や技量を大切な検討材料にしていると思う。調教師にしても、騎手の得手不得手も考慮しながら、騎乗依頼することはある。その馬の脚質と騎手の手が合うか、先行が得意か後方待機を得意とする騎手かなど、つまりレースでは、その馬の特性に合わせた騎乗を騎手に任せているわけだ。

もちろん、私たち調教師は、出走馬の特性や成長を考慮しつつ、枠順や、他の出走馬の騎手や馬主さん、生産牧場、血統をチェックし、レース展開を予想したうえで作戦を練っている。

しかし、こんなことを言ってしまったら元も子もないかもしれないが、調教師のイメージ通りにすべてのコトがうまく運ぶことはない。レースは生きものなので、最終的にどんな結末を迎えるかはわからない、というのが正直なところだ。

実際、ドバイターフ優勝後の凱旋レースとなった、安田記念のアーモンドアイがそうだった。圧倒的な支持がうれしかったし、私も万全の準備を済ませており、自信もあった。

しかしながら、スタート直後の他馬の影響（斜行）で不運が重なり、アーモンドアイは身動きが取れず、後方11番手を余儀なくされた。万事休すかと思った。それでも最後はメンバー最速の上がり[注55]（3ハロン）32秒4で僅差の3着。残念な結果ではあったが、見せ場を作ることはできたと思っている。

注55 【上がり】競馬では、各馬がラストスパートをかけるレース終盤（ゴールまで3ハロン＝600m）の走破タイムが重視されている。競馬場や馬場状態、レース前半のペースにもよるが、32秒台は相当速い

レース直後は慌ただしくて直接話すタイミングはなかったが、当日夜のある懇親会で、斜行馬に騎乗していた武豊騎手[注56]が「今日はまことに……」という感じで謝ってきた。彼は紳士だから丁寧に状況を説明してくれたのだけど、レーシングアクシデントだし、終わったことでもあるので、何のわだかまりも残っていない。

上昇する騎手レベル

ルメール騎手本人も言うように、当初、彼に騎乗依頼する機会はほとんどなかった。それは彼が関西に短期免許で来日中であり、そもそも関東には優秀な騎手が数多くいたことが、彼とは縁遠かった理由である。

私の開業初勝利は横山典弘騎手[注38]で、重賞初勝利は岡部幸雄騎手[注37]。蛯名正義騎手[注42]の活躍もあった。後藤浩輝騎手[注57]、北村宏司騎手[注58]、松岡正海騎手[注44]ら、当時の若手も貢献してくれていた。

関西では武豊騎手、安藤勝己騎手[注59]の活躍が目立っていたものの、関東でも期待に応えてくれる騎手が多くいたので、関西や外国人の騎手に依頼するまでもなかった。

だからと言って、かつて存在していたような、一門のライン[注60]など今はもう存在しな

注56　【武豊】ＪＲＡ通算４１００勝（２０１９年9月16日時点）は日本競馬史上歴代1位。１９８７年のデビュー以来、最多勝利騎手賞を18度獲得したレジェンド。おもな騎乗馬にスーパークリーク（88年菊花賞、89年天皇賞・秋、90年天皇賞・春）、メジロマックイーン（91～92年天皇賞・春、93年宝塚記念）、エアグルーヴ（96年オークス、97年天皇賞・秋）、スペシャルウィーク（98年ダービー、99年天皇賞・春、天皇賞・秋、ジャパンカップ）、サイレンススズカ（98年毎日王冠）、アドマイヤベガ（99年ダービー）、クロフネ（２００１年ＮＨＫマイルカップ、ジャパンカップダート）、タニノギムレット（02年ダービー）、アドマイヤグルーヴ（03～04年エリザベス女王杯）、ディープインパクト（注11）、キズナ（13年ダービー）、キタサンブラック（16～17年天皇賞・春、16年ジャパンカップ、17年大阪杯、天皇賞・秋、有馬記念）など多数

注57　【後藤浩輝】ＪＲＡ通算１４４７勝。おもな騎乗馬にゴールドティアラ（２０００年マイルチャンピオンシップ南部杯〈盛岡競馬場・ダート１６００ｍ〉）、アドマイヤコジーン（02年安田記念）、マイネルレコルト（04年朝日杯フューチュリティステークス）、アロンダイト（06年ジャパンカップダート）、ショウワモダン（10年安田記念）

注58　【北村宏司】ＪＲＡ通算１３２９勝（２０１９年9月16日時点）。おもな騎乗馬にダンスインザムード（２００６年ヴィクトリアマイル）、スピルバーグ（14年天皇賞・秋）、キタサンブラック（15年菊花賞）など

注59　【安藤勝己】ＪＲＡ通算１１１１勝。１９７６年笠松競馬でデビュー。オグリキャップ（注16）に騎乗するなど地方競馬で３２９９勝を挙げたのち、２００３年中央競馬に移籍。おもな騎乗馬にビリーヴ（03年高松宮記念）、アドマイヤドン（03年マイルチャンピオンシップ南部杯、04年フェブラリーステークス）、キングカメハメハ（注12）、ダイワメジャー（06年天皇賞・秋、06～07年マイルチャンピオンシップ、07年安田記念）、ダイワスカーレット（07年桜花賞、秋華賞、エリザベス女王杯、08年有馬記念）、ブエナビスタ（09年桜花賞、オークス）など

注60　【ライン】同厩舎などに所属する先輩後輩の関係

い。それにはエージェント制度[注61]の役割も影響して、各騎手がイニシアチブを取れる環境が整ったからだとも言えるだろう。

アーモンドアイに関していうと、これはオーナー側の意向もあって、ルメール騎手が主戦を務めている。アーモンドアイの瞬発力は規格外なので、騎乗に際しては、それをコントロールするための入念なイメージトレーニングが必要となる。騎手の総合的な実績を鑑みた選択でもあり、これについて誰も異存はないだろう。

これだけ多くの優秀な馬が存在するいま、チャンスにかける騎手たちの競争意識も上昇している。かつてほど東西騎手の垣根は高くなくなり、個々のレベルも上がり、誰もがレース分析に余念がない。昔とは違い、レース後のビデオ解析や事前のデータ収集によって騎乗イメージを作りあげている。エージェントを介した情報収集も盛んだ。これも馬のレベルがこれまでとは大きく異なってきたことが要因だと思う。

騎乗依頼

どの騎手に騎乗を依頼するかについて、私が厩舎を開業した際、すぐにＪＲＡの人に言われたことがある。それは、

「騎手は絶対みんなでサポートしてやってくれ」

「1年に60回は必ず乗せてやれ」

ということだった。落ちこぼれを出さず、不正が働く余地をつくらないよう、全体のバランスを考えてのことだという。

かつてはどこの厩舎もアンチャン（競馬学校を卒業したばかりの新人騎手）を抱えて均等に乗れるよう、競馬界全体で配慮していた。私の厩舎にも、以前は加藤士津八、国分優作という二人の騎手がいた。もちろん、いまでも新人が厩舎に所属し、実力をつけてからフリーになるというシステムは存続している。

しかし、そもそも競馬は優勝劣敗の世界なので、近年のように、総合的に見てやはり成績が上位の騎手から騎乗依頼するというのは、やむを得ない流れだろう。

しかも、騎手はエージェントを通じて有力馬を吟味できるようになったことに加え、ずいぶんとドライになってきている。以前ならば親方（所属する厩舎の調教師）が第一なので、他の出走馬の騎乗依頼を受けたとしても、たいていは（たとえ勝てそうも

注61【エージェント】騎乗依頼仲介者（競馬専門紙の現役記者や元記者など）。契約を結んだ騎手の代理として、馬主や調教師から騎乗依頼を受けつつ、騎乗馬やスケジュールを調整する

なくても）所属する厩舎の馬を優先していた。

だが、今はもうそんな悠長なことは言っていられない。所属する調教師の依頼を断わってでも勝てる馬に乗ることもある。シビアな選択をする。地方競馬出身の騎手や外国人騎手が増えている中、調教師の馬づくり同様、騎手も〝実力に勝る営業なし〟だからだ。

ただ、私は勝っても負けても、騎手の意見を聞き入れながら、先々に向けて調整していくことを心がけている。なぜなら馬はデビューしてから引退までの間、どれくらい走ったかということが重要なので、最初の競馬を見て「じゃあ次はどうしたらいいか」と考えるところから私の調教プランは始まっているからだ。

そこから徐々に馬の個性を引き出しながらの競馬がベストだと考えているし、あくまでもレースは〝調教の延長戦上にあるもの〟と捉えているので、私の場合、なるべく乗り替わりは避ける（騎手を変えない）ようにはしている。

ファンからすればギャンブル的要素が高い、いきなり騎手を変える〝一発勝負〟に馬券的醍醐味を感じるかもしれないが、そこは馬優先ということでご容赦願いたい。

ただし作戦上、「ここで結果を出したい」「もう後がない」という場合には、馬主サイドの意向も踏まえたうえで、減量騎手[注62]を起用して勝負することはある。これはその馬の将来にも影響する局面なので、違った持ち味を引き出してみたいケースでもある。

藤田菜七子をどう見るか

最近の若手の騎手を見ていると、フィジカル的にも技量的にもバランスがいい。なかなか度胸もある。たとえば2019年7月、藤田菜七子騎手[注63]にも騎乗依頼した。結果的には8着だったが、彼女は何かと話題になっている中で、しっかりと自分を持っていて浮ついたところもなく、マスコミにもちゃんと対応していて、そのあたりはすごいと思う。謙虚で、競馬を上手くなろう、勝とう、ということを最優先に考えているところも、大したものである。

斤量のアドバンテージもあって、終《しま》いが伸びてくるレースが目立つから、当初はみ

注62【減量騎手】騎乗機会を多く与え、育成をはかるために、見習い騎手（騎手免許の通算取得期間が5年未満で、勝利数が100回以下）と女性騎手は、負担重量が軽減されている

注63【藤田菜七子】JRA通算75勝（2019年9月16日時点）。女性騎手初の重賞勝利を目指している

んな半信半疑だったろうけど、乗せているうちに「ひょっとしたら」という期待が高まってくれれば、当然オーナーサイドからも声がかかるようになる。ましてや、2019年6月にスウェーデンで開催された『ウィメンジョッキーズワールドカップ』で2勝を挙げ、シリーズ優勝したとなれば、勝負の世界はやっぱり結果が一番なので、注目が集まって当然だろう。

彼女がオジュウチョウサン[注64]に乗って障害レースや有馬記念に出る姿を見たいというファンも多いのではないか。これは荒唐無稽な話ではなく、馬主さんがいわゆる常識にとらわれず、チャレンジするという点では物語があるし、ファンも喜んでくれるだろうから、競馬界全体としても相当盛り上がると思う。

騎乗指示

レース運びに関して、私は騎手に対し、先入観に捉われた決めつけの指示は出していない。前述の通り、出走馬の顔ぶれや、ゲートの内か外かをもとに事前にレース展開の予想はしているが、騎手もプロである以上、こちらがとやかく言うまでもなく、レース運びは十分心得ている。彼らは復習、予習に余念がない。それを前提に騎乗依頼をしているので、「あの馬のあとについて行けばいい」といった要点を伝えることはあっても、ほぼ一任している。

いくら展開予想を立てて、騎手に伝えたとしても、実際にゲートが開いてしまえば、そこからはもう、騎手が瞬時に状況判断をするしかない。事前に調教師が「こうしろ、ああしろ」と気を揉んだところで、ゲートが開いた途端、騎手にしてみればもうそんなことは関係なくなってしまうのだ。

むしろ、出遅れなど予想外のことが起きているのに、いつまでも事前の作戦に拘泥しているようでは、ロクな結果にならない。そうした意味も含めて、騎手にはうまく結果を出してもらえれば、それでいい。

また、結果が出せなかったからといって、騒ぎ立ててもしょうがない。もっとシビアな言い方をすれば、あまりにも見込み違いな騎乗だったら、次から乗り替わりになってしまうわけだから、騎手だってそうそう下手な乗り方をするわけにはいかない。

注64【オジュウチョウサン】27戦16勝（2019年9月16日時点）。デビュー3戦目から障害レースに転向し、16～18年の最優秀障害馬に選出されるほどの大活躍を見せる一方、18年の有馬記念出走を目指して約5年ぶりに平地のレースに復帰。2連勝後、有馬記念には武豊騎手の騎乗で出走（9着）、話題を集めた

だからこそ、負けたときは徹底的に原因解明すべきだし、レース後のコミュニケーションが重要になる。乗った者にしかわからない事柄があるはずだからだ。展開での不利はこちらも見ていればわかる。しかし、乗っている騎手にしかわからない、レース中の馬の反応（感触）が調教師にとっては非常に参考になる。レースが調教の延長線上にある以上、次のレースに向けた仕上げに役立てるためだ。血統的概念だけにこだわらず、騎手の意見に基づいて作戦（脚質／レース中の位置取り）の変更を試みたり、ダート替わり、芝替わり、距離の変化で新味を引き出すことは大切だと思っている。

臨機応変の判断

騎手のタイプとしては、私は無謀な乗り方をあまり好まない。強引な騎乗でハナ（先頭）を主張したりする、明らかに〝一発勝負〟的な乗り方には疑問を抱いている。そういうことをしていると、極端な馬になってしまう懸念があるからだ。特に新馬戦や、まだ若馬の場合は、レースを怖がり、嫌いになってしまうのが調教師としては最も困る。

その反面、展開を逆手にとって、仕上がっている馬のポテンシャルを発揮して好走する場合もある。騎手の好判断、好騎乗が光るケースだ。その一例を挙げたい。

ディープインパクト追悼競走と銘打たれた２０１９年のレパードステークス（新潟競馬場・ダート１８００ｍ）で、私の厩舎のハヤヤッコは10番人気と評価を落としていた。スタートではダッシュがきかず、早めに動きたいところだったが、鞍上は先行勢のゴチャツキ具合を見てすぐに後方追走を選択。それが幸いしてハイペースの中、ハヤヤッコは上手に脚をためてから、直線で大外から一気に抜けだし、勝利した。

これがＪＲＡ史上初となる、白毛馬による重賞勝利という歴史的な1勝となった。テンノリ（初騎乗）の田辺裕信騎手[注65]による好騎乗もさることながら、ハヤヤッコはディープインパクトのオーナーだった、金子さんの所有馬。そのうえ、ハヤヤッコの父はレパードステークスの5日後に亡くなったキングカメハメハなので、手前味噌ながらこの勝利には何重もの意味で大きな価値があると思っている。

注65【田辺裕信】ＪＲＡ通算８６７勝（２０１９年9月16日時点）。おもな騎乗馬にコパノリッキー（14年フェブラリーステークス〈東京競馬場・ダート１６００ｍ〉、16～17年マイルチャンピオンシップ南部杯、17年東京大賞典〈大井競馬場・ダート２０００ｍ〉）、ロゴタイプ（16年安田記念）

競馬新聞をどう読むか

競馬新聞にはいくつか種類があるが、私は均等に眼を通している。私たち調教師は競馬法によって馬券購入が禁じられているので、馬券を当てようとするファンのみなさんとは新聞活用法が少し違うかもしれない。

たとえば、ハヤヤッコのレパードステークスの前に受けた競馬新聞の取材に、私は「新潟に滞在しての調整の効果が上手に出せれば」と率直に話している。調教師によっては作戦上あまり注目されたくないため、「ブラフをかける場合があるのでは？」と調教師のコメントを真に受けないファンもいるかもしれないが、私の場合、取材には常に真摯に答えるよう心がけているし、実は私自身も他の調教師のコメントを参考にする場合がある。

調教師たる者、新馬戦ならば消去法で3頭くらいまでは勝ち負けする馬を絞れる相馬眼はあると自負しているが……私が競馬新聞で重視しているのは、出走馬の血統（父、母、母父）と生産者、馬主だ。どの馬がどこの馬主さんで、誰が生産した、どの血統で兄弟がどうだろう、と探って行く。

当然、旧知の調教師がたくさんおり、それぞれの調教師の得意不得意、癖といったものも、そんなに細かくではないがインプットされているので、所属厩舎も注意して見ている。やはり成績が上位の調教師が、どういうところでどういう使い方をしているのかというのも、気にしている。調教師の特徴から「ここではきちんと仕上げてきて勝負するな」「休み明けはあまり使わない」とか。同じレースに出走してくる馬の位置取りを予想しつつ、自分の馬をどうしようかと、考えているわけだ。

騎手の調整ルームにも競馬新聞は各紙置いてあり、騎乗予定の馬が人気になっているかどうかはもちろん、私のコメントなども読んでくれているはずなので、綿密な指示等を出さなくても、簡単な打ち合わせで済む。

しかも、トレセン内ではさまざまな情報が漏れ伝わってくる場合もある。各紙のトラックマン[注66]や、他の厩舎の調教助手や厩務員との会話の中に、仕上がっている馬、あ

注66 【トラックマン】競馬新聞の記者。トレセンで行われる追い切りの調教タイムを計測する「取材班」と、各厩舎関係者を取材する「想定班」がある

るいはちょっと調子を落としている馬の情報が潜んでいたりする。エージェントと騎手の動向で、馬の好調を推察できる場合もある。上位の騎手が私の厩舎の馬ではなく、他厩舎の馬を選んでいれば、「要注意」となる。

もちろん、他厩舎の馬の追い切りは私も見ているので、動きのいい馬がいれば、そこで自分なりに分析もできる。追い切りのいい新馬がいれば眼を引くし、「あれはいったいどこの馬なんだ？」となる。即座に使うレースを調べて、ウチの馬と一緒ならある程度の対策を練ることは可能だ。

厩舎の管理システム

ここで、厩舎の基本的なことについても若干触れておきたい。

私の所属する美浦のトレセンでは、1厩舎につき20馬房が与えられている。私の厩舎ではほかに8馬房を〝雑居〟という形で他の厩舎と共有しているので、全部で28馬房となる。実際には、規則により、その2・5倍（70頭）までの馬を管理することが可能なので、外厩（外の牧場）と連携しながら現在は68頭を管理している。

スタッフ（調教助手・厩務員）は17名で、一人あたり2頭を担当している。

土曜と日曜にレースが開催され、月曜は完全休業（飼葉は担当制）なので、厩舎の1週間は火曜から始まる。ただし調教師である私の場合、外厩との馬の入れ替えや1週間のマネジメント調整、外厩・牧場回り等いろいろあるので、ほとんど休んでいない。

調教は火曜からで、夏は午前5時、春・秋は午前6時、冬は午前7時から始めている。スタッフはそれに合わせて夏なら午前3時過ぎから厩舎で担当馬の状態のチェックや馬装をする。調教前には、念入りな曳き運動でのウォーミングアップが必要だ。

水曜（木曜の厩舎もある）は、レースに向けた強めの追い切りをする。この時の調教師のルーティーンは、週末に使う馬を中心にした追い切りでのメニューのチェックや時計の確認、馬の状態の確認、競馬専門紙やスポーツ紙の記者からの取材対応となる。

木曜は出走レースの投票日なので、馬主さんとの連絡やら、事務作業に追われる。

金曜はレース前なのでゲート確認など、競走前の確認作業となる。

そして土曜、日曜の競馬に出向く――というのがおおまかな1週間の流れだ。シーズンによっては、これに札幌、函館、新潟、福島への地方遠征が重なる（小倉にはほとんど行かない。その理由については第5章で触れる）。

馬の体調管理

近年の猛暑により、熱中症のリスクにさらされているのは人間だけではない。競馬場のパドックや装鞍所にミスト、簡易シャワーを設置する動きが出てきているが、厩舎でもエアコンやミスト、網戸を取り入れているところがある。

レース前にとりわけ留意しているのは、私の場合、馬の発汗状態や精神状態、蹄鉄のチェックとなる。レース後においては、心房細動の状態やノド鳴り(息づかい)、鼻出血の有無のほか、ふだんの挙動・歩行と違いはないか等、細心の注意を払う。同様のことはスタッフにも指導していて、一人の目だけではなく、ダブルチェックが効く態勢をとっている。

馬の水分補給には、自動的に給水され、水位が保たれるウォーターカップも便利でいいが、私はどれだけの分量を飲んだかがわかる、昔ながらのバケツを使っている。

食欲は健康管理の要だ。私の厩舎では特別なレシピは取り入れてはいないが、フィードマン(飼料調合者)という専門の飼葉担当がおり、各馬の飼葉の分量を微調整しながら細かくチェックしている。各馬の嗜好性や調教のカリキュラムに合わせた配合や、時には新陳代謝を良くして汗をかかせる工夫をしたりもする。

外厩との連携の重要性が高まった今、トレセン内の厩舎だけで特別なレシピに基づく飼葉やサプリを使ってもあまり意味がなく、双方の情報交換で一定のレベルに合わせることが馬にとっては大事になっている。だからこそ余計に、飼葉をいじるようなことはしない。

2019年、競馬界ではドーピング問題が発覚し、土日の競馬で156頭が競走除外になるという事態が起きている。函館スプリントステークス（函館競馬場・芝1200m）は、1番人気に推された馬も含む6頭が除外になり、なんと7頭立てになってしまった。

そもそも、JRAファシリティーズが販売していたサプリメント（飼料添加物）「グリーンカル」に禁止薬物テオブロミンが混入していたというのが、騒動の発端だった。JRAの関連会社が販売していたサプリメントだからということで、安心して使っていた厩舎も多かった。しかし、こういう事件が起こると、ファンもそのサプリメントを使っていた厩舎を猜疑的な目で見てしまうし、馬主側にしても大きな被害を受けた。

レースに向けて調整を重ね、メンタルもフィジカルも仕上げていた馬たちが、人間の事情で突然の除外となり一番の迷惑をこうむったはずで、こうした事態は二度と起こしてはならない。

レース選択

新馬があらたに入厩してくると、当然、血統背景、親やきょうだいの実績、距離適性、芝・ダート適性などを鑑みながら、今後の育成法や路線について検討を始める。

一方で、オーナーの意向も大きく影響する。競馬界の1年は「ダービーから始まりダービーで終わる」といわれるほどに、オーナーの誰もがダービーを獲りたいと思っている。そうなるとやはり、まずはクラシックディスタンス＝2400mで勝てるような馬を育てる、となる。

使ってみて上手くいけばそのまま継続して芝路線で行くのだが、芝でなかなか勝てないとなれば、ダートでチャンスを与えて様子を見よう、ということもある。

騎手やスタッフの意見にも耳を傾ける。先ほども述べたように、騎手の助言で芝からダートに変えることがあるし、逆に「やはり芝のほうが向いている」ということもありうる。短距離から中距離へ、あるいは中距離から短距離へというように、距離を変えることも実際にはある。競馬新聞のコメント欄でよく目にする「騎手の助言により」というのが、それにあたる。

ところがここに除外馬問題が浮上する。

詳細については第6章に譲るが、いまの中央競馬には馬が多過ぎて、調教師もオーナーも、馬の適性本位でレースを選べないという問題がある。フルゲート（出走可能頭数）を超えていれば抽選になるのだが、その結果、外れてしまえばどうなるか。

せっかくレース開催日から逆算して万全の仕上げを施したのに、出走できないとなれば、またレース選択、騎手の調整、馬の仕上げから始めなければならなくなる。そうした手間を避けるため、適性はないけど仕方ないからダートで使おうか……という判断が起こりうる。そもそも、出走回数が減れば、自ずと馬の経験値にも影響を及ぼすといった悪循環にも陥る。

その馬その馬に合った最善のレース選択をするためにも、除外馬問題の一日も早い解決が必要なのだ。

第３章　最強馬のつくりかた

素質馬が多く上場する「セレクトセール」

将来有望な馬をいち早く探し出す――つまり、最強馬をつくるための第一歩となるのが、毎年7月に行われる、日本最大規模の競走馬セリ市「セレクトセール」（一般社団法人日本競走馬協会主催）だ。

かつて競走馬の取引といえば、馬主さんと調教師が北海道・日高にある牧場を訪ね歩いて優秀な馬を探し、購入するという手法が主流だった。いわゆる「庭先取引」と呼ばれるものだ。ところが、1998年にはじまった「セレクトセール」により、日本の競走馬市場は一変し、流通体制も大きく変わった。セレクトセールが果たした役割は非常に大きいといえる。

北海道・苫小牧のノーザンホースパークで行われるセレクトセールには、牧場の生産した馬の中から主催者がセレクト（厳選）した良血の1歳馬と当歳馬（今年うまれた馬）が上場される。落札するのは、個人馬主さんやクラブ法人の方たちだ。先ごろ亡くなったディープインパクトやキングカメハメハも、かつてここで取引された馬だった。

「セレクトセール2019」の初日に開催された1歳馬部門には239頭が上場さ

れ、222頭が落札（落札率92・9％）、その総額は107億3200万円（1頭の平均価格は4834万2342円）と、1日の落札総額が1998年の創設以来、はじめて100億円を超えた。2日めの当歳部門には216頭が上場され、194頭が落札（落札率は89・8％）。総額97億8400万円（1頭の平均価格は5043万2990円）とこちらも盛況で、2日間のトータルの落札総額は205億1600万円にのぼり、昨年の179億1900万円を大幅に更新したこととともに、今年は靴のABCマートの創業者が新規参入して高額な買い付けをしたことも、話題を呼んだ。

私も例年、馬主さんらとの情報共有のために足を運ぶようにしているが、馬の見極めというのは、本当に難しい。たとえば、2002年のセレクトセールに上場されたディープインパクトの落札額は7000万円と、同じ日に上場されていた同じ父親＝サンデーサイレンス産駒[注67]の14頭中、9番目の落札価格だった。高い馬が必ず強い馬に

注67 【サンデーサイレンス】14戦9勝。おもな勝ち鞍に1989年ケンタッキーダービー（アメリカ・チャーチルダウンズ競馬場・ダート2000m）、ブリーダーズカップクラシック（同・ガルフストリームパーク競馬場・ダート2000m）など。産駒にはクラシック三冠を達成したディープインパクトだけでなく、日本競馬史上2頭目の牝馬三冠を成し遂げたスティルインラブなど、多数。産駒の通算勝利数は中央・地方合わせて3700勝以上に達し、日本競馬界に大きな功績を残した偉大な種牡馬

なるのかというと、決してそうとはいえないところが、競馬の妙味だろう。

それはともかく、今年の史上最高の落札総額が示唆することの一つには、やはり需給の関係がある。

取引額が例年より高騰したということは、要するに需要が多いということだ。

2018年に開催されたJRAのGI26レース（障害含む）中、16レースを、セリ市の会場にもなっているノーザンファームの生産馬が優勝しており、いわばセレクトセールは、ノーザンファームの有望馬を購入するための貴重な機会となっているので、1頭当たりの平均価格が上がるのも当然だろう。海外からもバイヤーが買い付けに来ているが、もはや世界最高クラスのセリ市といっても過言ではない。

日高がうんだダービー馬

競馬はブラッドスポーツと呼ばれる。優秀な成績を残した馬は種牡馬や繁殖牝馬となってその遺伝子を子孫に残し、さらに継承していく。

競馬界には〝ダービー馬はダービー馬から〟という格言がある。そうした馬のオーナーとして、競馬の歴史に名を刻むことこそ、名誉であり真のステイタスであると考える人はいる（もちろん、純粋にサラブレッドが好き、競馬が好きという人もいる）。そこで採算を度外視した資金力が問われるのは仕方ない。1頭の馬ではじめからすぐに儲かって採算が取れるほど甘い世界ではない。長く継続するなかで優秀な馬と出会い、その恩恵を受けることはある。これは調教師という仕事とまったく一緒だ。

近年は、巨額の資金が投入されるセレクトセールが主流だが、かといって、かつて日本一の馬産地として隆盛を誇った日高が、衰退したわけではない。

毎年、苫小牧の「セレクトセール」が終わると、日高で「セレクションセール」（日高軽種馬農業協同組合主催）が開催される。つまり、「セレクトセールでは買えなかった」「新たに競馬に参入したい」という人たちの資金が、今度は日高に流れ込むのだ。地方競馬の馬主や調教師も多く参加するこのセレクションセールのあと、「サマーセール」「オータムセール」と日高のセリは続く。以前ほどではないにしても、個人取引、庭先取引も依然存在しており、日高のポテンシャルは侮れない。

現に、2019年にダービーを制したロジャーバローズ[注68]は、新ひだか町の飛野《とびの》牧場で生産された、ディープインパクト産駒である。上場されたのはセレクションセール

注68【ロジャーバローズ】6戦3勝。2019年ダービーを制し、凱旋門賞参戦予定だったが、屈腱炎を発症し引退

ではなく、セレクトセールではあったが、いわゆる〝ダービー馬からうまれた、日高のダービー馬〟だ。

残念ながら屈腱炎を発症し引退を表明したが、大手の生産牧場に限らず、かつての日高がそうであったように、個人、家族経営の牧場がその規模に合った生産システムで夢を摑むチャンスはまだまだある。

これもまた、連綿と続くブラッドスポーツ＝競馬の魅力だと思う。

馬のバランス

セールにしても庭先取引にしても、強い馬を見極めるうえで私が留意しているのは、やはり馬のバランスだ。

馬全体をパッと見た時の、頭、胴、脚、そのバランスが大事になる（左上写真参照）。頭がでかすぎるとか、前が勝ちすぎている、つまりトモ（腰から尻、後ろ脚にかけての部分）が小さすぎると、相対的に見た全体のバランス、いわゆるプロポーションがよくない、ということになる。

前脚にしても、たとえば歪んでいる箇所があれば、そこに負担がかかって故障の原

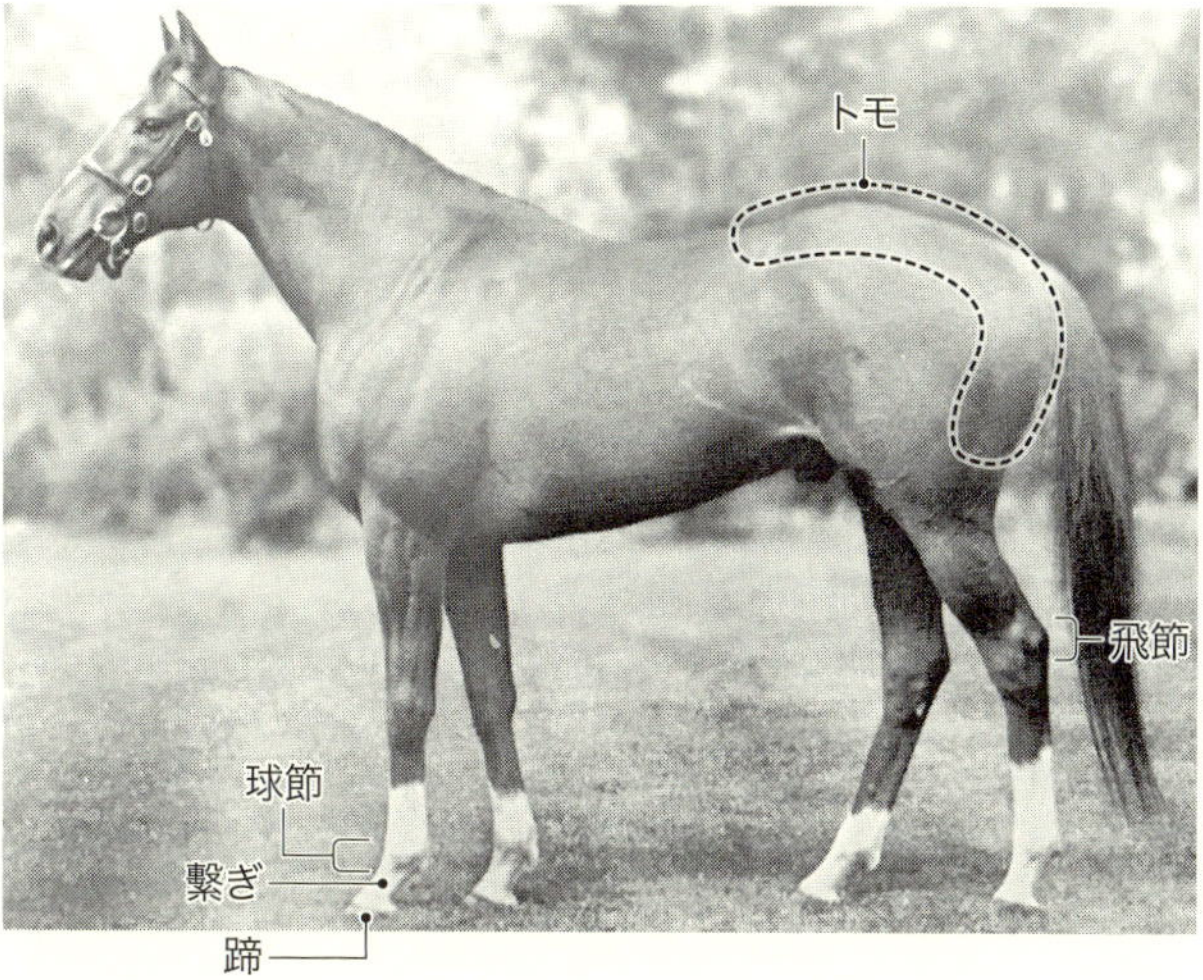

因になりうる。繋ぎ（蹄から最初の関節〈球節〉までの部分）の長さや角度、蹄の大きさもよく見ている。クッションの役割をはたす繋ぎは、長ければスピードが減殺されるし、短ければ地面からの衝撃が十分に吸収されない。角度は45度くらいがいいといわれている。蹄が大きくて重い場合、パワーがなければ脚の回転が遅くなるので軽いほうがいい。しかし小さすぎると蹄への負担が大きく故障の原因になりうるので注意が必要だ。

　馬体重も重要になる。300キロ台後半から500キロ台前半まで、重さは馬それぞれで、昔に比べればずいぶん大きくなってきた。とはいえ、長距離のレースを走らせようとする場合、脚への負担を考慮すれば、やはり重すぎる馬は困る。人間の場合を考えてほしい。マラソンと100m走のランナーの体格が異なるように、馬もまた、バランスが大切となる。

私が一つの判断基準にしているのが、シンボリルドルフだ。馬体重は470〜480キロでバランスもよく、2400〜3000mで本領を発揮していた。

また、トラックマンの中には、シンボリルドルフの初年度産駒トウカイテイオー[注69]の馬格のバランスや見た目を模範にあげる人が多くいるとも聞く。トウカイテイオーは繋ぎが本当にやわらかく、走っていると蹄の裏が真上を向くほど特徴的だった。筋肉も柔軟だったのだろう。

一般的には繋ぎが寝過ぎていたり、飛節（後ろ脚の真ん中ぐらいにある関節）が極度に曲がっていたりすると、飛びがやわらか過ぎてスピードに無駄が生じると思われがちだが、トウカイテイオーはそんなことがなかった。

良血と馬格

サドラーズウェルズ[注70]も見た目が格好よかった。種牡馬としておもにヨーロッパで大成功をおさめた馬で、強い産駒を多数出している。

代表的なものとしてはモンジュー[注71]、ガリレオ[注72]が有名で、さらにガリレオの産駒で史上最強馬とも称されたフランケル[注73]も、日本ではなじみが深い。

サドラーズウェルズ系（サドラーズウェルズを祖とする父系）の馬は日本にも多い。あ

注69【トウカイテイオー】12戦9勝。おもな勝ち鞍に1991年皐月賞、ダービー、92年ジャパンカップ。同年の有馬記念で11着と惨敗を喫したものの、翌年の有馬記念で見事優勝、奇跡の復活をはたし感動を呼んだ

注70【サドラーズウェルズ】11戦6勝。おもな勝ち鞍に1984年アイリッシュ2000ギニー（アイルランド・カラ競馬場・芝1609m）、フェニックスチャンピオンステークス（同・フェニックスパーク競馬場・芝2000m／現アイリッシュチャンピオンステークス）など

注71【モンジュー】16戦11勝。おもな勝ち鞍に1999年ジョッケクルブ賞（フランスダービー／シャンティイ競馬場・芝2400m）、アイリッシュダービー（アイルランド・カラ競馬場・芝2400m）、凱旋門賞、2000年キングジョージ6世&クイーンエリザベスダイヤモンドステークスなど。1999年のジャパンカップに出走するも、スペシャルウィークの4着。ちなみに、モンジューの産駒ハリケーンランも、2005年凱旋門賞を制している

注72【ガリレオ】8戦6勝。おもな勝ち鞍に2001年イギリスダービー（イギリス・エプソム競馬場・芝2410m）やアイリッシュダービー、キングジョージ6世&クイーンエリザベスダイヤモンドステークス。その後、ブリーダーズカップクラシック（アメリカ・ベルモントパーク競馬場・ダート2000m）に挑むも、ティズナウの6着

注73【フランケル】14戦14勝。おもな勝ち鞍に2011年2000ギニーステークス（イギリス・ニューマーケット競馬場・芝1600m）、11~12年サセックスステークス（同・グッドウッド競馬場・芝1600m）、11年クイーンエリザベス2世ステークス（同・アスコット競馬場・芝1600m）、12年チャンピオンステークス（同・同・芝1990m）など

まりスピードはないが、スタミナ豊富なステイヤーが多い。1999年の凱旋門賞で勝ったモンジューは、その翌月のジャパンカップでスペシャルウィーク[注74]の4着に敗れている。日本で活躍するためには、必ずしも世界の良血馬の血統というだけではなく、欧州よりも軽い日本の馬場に対応するためのスピードも重要になってくる。

その反面、1995〜2007年のリーディングサイヤーだったサンデーサイレンス[注68]の場合、幼いころは華奢で、むしろ後ろ脚の飛節が内側に曲がっており、決して馬格がすぐれていたというわけではなかった。

また、その産駒にはいろいろなタイプがいて、馬格が整ったものも多数出しているが、代表馬ディープインパクトの馬体重は440キロ台とそれほど大きくない。見た目も迫力があるほうではなかったが、瞬発力にすぐれていて、あれだけの実績を残し、なおかつ凄い産駒を出しているわけだから、肌馬の系統と適性も馬選びの大きなポイントとなる。

馬主さんの中には馬を見極める際、見た目の好みで、毛色や額の星の形状のほか、左後ろ脚の繋ぎの部分だけが白い「左《さ》後《こう》一白《いっぱく》」にこだわる人もいる。左後一白には名馬がいるとされ、クラシック三冠を達成したシンザン、シンボリルドルフ、オルフェーヴル[注75]がそうだった。他にもブエナビスタ[注76]やエピファネイア[注77]など、実際にGI出走馬に多いので、縁起物としても珍重されてきた。これはあくまでも馬主さんの好みだが、全体のバランス＋左後一白が購入の決め手になるケースもある。

自分の手掛けた馬の中では、走った馬はみんなだいたい理想的な体形をしていたが、1頭、強く記憶に残っている馬がいる。1998年、アメリカを訪れ、自分が見初めたフレンチデピュティ[注78]産駒をある馬主さんに購入してもらったことがある。いわゆる、マルガイ（外国産馬）といわれる馬だ。

注74【スペシャルウィーク】17戦10勝。1998年、武豊騎手に悲願のダービー初勝利をもたらした。ほかの勝ち鞍に99年の天皇賞春・秋連覇、ジャパンカップ

注75【オルフェーヴル】21戦12勝。2011年に日本競馬史上7頭目のクラシック三冠を達成。サンデーサイレンスの孫（父はステイゴールド）。同年の有馬記念、12年宝塚記念を制したあと凱旋門賞に挑むも、クビ差の2着で惜敗。翌年再度挑戦したが、やはり2着に敗れた。13年有馬記念優勝後、引退

注76【ブエナビスタ】23戦9勝。おもな勝ち鞍に2008年阪神ジュベナイルフィリーズ、09年桜花賞、オークス、10年ヴィクトリアマイル、天皇賞・秋、11年ジャパンカップなど

注77【エピファネイア】14戦6勝。2013年の皐月賞、ダービーをいずれも2着と惜敗が続いたが、菊花賞でようやくGI勝利をはたす。ほかの勝ち鞍に14年ジャパンカップ

注78【フレンチデピュティ】6戦4勝。輸入産駒のノボジャックやクロフネなどの活躍により、種牡馬として日本に輸入されてきた。国枝厩舎の馬で2007年にNHKマイルカップを制したピンクカメオの父

帰国後、お披露目する機会があったのだが、それはもう、その場にいた競馬関係者がみんな口をそろえて「凄い馬だ」「これどこの厩舎に行くんだろう」って話をするぐらい誰が見ても格好のいい馬で、私は鼻高々だった。ところが見かけ倒しで、その後結果を出すことができなかったのだから、馬の見極めというのは本当に難しい。

牝馬の特徴

私のもとには、牝馬の仕上げに関する質問が多く寄せられる。これまで日本に誕生した牝馬三冠5頭のうち、アパパネとアーモンドアイの2頭を私の厩舎が手掛けたとなると、それもやむをえないことかもしれない。しかし、みなさんの期待を裏切るようで心苦しいが、実際のところ「牝馬だから」「牡馬だから」といって、特別なにか意識していることはない。

ただ、牝馬は総じて早熟で物覚えがよく、仕上がりやすいので、2歳の混合レースでは牝馬の勝率のほうが高い。それに、牡馬のほうが牝馬より筋肉がつきやすく、能力面でも牝馬より牡馬のほうが有利とされる反面、牝馬の方が牡馬に比べて瞬発力はあり、一瞬のキレという点では牡馬よりもまさっている。だから短い距離がいいとされることが多い。

反対に、スタミナが要求される長い距離のレースは牝馬にとって不利と見られ、ファンからすれば牝馬だから「切り」となるのだろう。牡馬に競りかけられると牝馬は怯《ひる》む傾向があると思われていたり、牝馬は非常にデリケートな性格なので急にやる気をなくしてしまうケースがあるともされる。

にもかかわらず、そんな牝馬の1頭出しは「買い」という格言が競馬界にはあるから、不思議だ。1997年天皇賞・秋のエアグルーヴ[注79]や、2007年ダービーで64年ぶりの牝馬優勝という快挙を成し遂げたウオッカ[注46]、そして2018年ジャパンカップのアーモンドアイは、いずれも牝馬の1頭出しだった。

たしかに、混合レースでは、斤量は牡馬よりも牝馬は2キロ軽く設定されている。一般的に、斤量1キロは1馬身の差といわれているので、それだけ牝馬のほうが有利となる。

しかし、エアグルーヴやウオッカにしても、アーモンドアイにしても、その斤量に

注79【エアグルーヴ】19戦9勝。1997年、牝馬として17年ぶりに天皇賞・秋を制し、牝馬として26年ぶりに年度代表馬に選出された名牝。ほかのおもな勝ち鞍に96年オークス

よるアドバンテージとか「牝馬だから」「牡馬だから」ということではなく、その圧倒的な勝ちっぷりから、むしろ競走馬そのものの実力によるものと見るべきではないだろうか。

三冠牝馬アパパネとアーモンドアイ

手掛けた2頭の三冠牝馬を比較すると、あらゆる面でアパパネのほうがやりやすかった。特別何か悪い癖があるわけでもなく、調教でも素直に仕上がったという実感がある。オークスでは、八大競走[注80]として史上初の1着同着だったことから、「2・5冠」などと私は言っていたが、実際のところ、アパパネは三冠牝馬の名に値する、芯の強い馬だった。

これに対し、アーモンドアイの特徴を一言で表すなら、女優タイプだ。美形なので周りもチヤホヤするものだから、うるさいところもあれば集中力の凄さもある。そして、本番では燃え尽きる。まさに稀代の名女優だ。

オンとオフがはっきりしているので、秋華賞の時も最初はいつも通りだったのに、装鞍の時にスイッチが入った途端、もう手に負えない。ふだんは両脇に人がついて鞍を載せるのだけど、それがダメで、４人がかりでなんとか装着することができた。

ドバイでの装蹄も大変だった。ふだん日本ではなんともないはずなのに、一度イヤだと思ったら大変。この時はとにかく手に負えなかった。現地の外国人装蹄師にやってもらったのだけど、同じ日のレース（ドバイシーマクラシック・芝２４１０ｍ）に出るレイデオロ[注81]はさっさと終わったのに、アーモンドアイはその２・５倍くらい時間がかかった。

調教でも、やはりスイッチが入ると、単走の場合、やり過ぎるところがあるので、前にペースメーカーを置いて走らせるくらいがちょうどいい。単騎だとオーバーワークになって、凄い時計を出してしまうだろう。

秋華賞の本番の舞台でも、後方から直線一気に脚を伸ばして、逃げる馬をかわして勝利し、牝馬三冠となった。先頭集団にいた騎手が「ルメールがまだ来ないけど、アーモンドアイは大丈夫なのか？」と思ったと言うのだから、おもしろい。

注80【八大競走】クラシック５競走（桜花賞、皐月賞、オークス、ダービー、菊花賞）、天皇賞春・秋、有馬記念のこと

注81【レイデオロ】14戦７勝（２０１９年９月16日時点）。おもな勝ち鞍に16年ホープフルステークス（中山競馬場・芝２０００ｍ）、17年ダービー、18年天皇賞・秋

当のルメール騎手も「馬場入りからテンションが高くて、ずっと心配していた。ゲートでもチャカチャカしていて（落ち着きがないこと）スタートも良くなかった。3〜4コーナーでも前が進まないので大外から行くしかなかったが、そこからは素晴らしい脚を使って頑張ってくれた。ファンタスティックホースだ」と感嘆するぐらいなので、アーモンドアイはやはりモノが違う。

調教の要諦

安田記念前にアーモンドアイを追い切ったルメール騎手が、「まるでフェラーリのようだった」と表現したように、あの馬は別格だ。アーモンドアイを基準として競馬を考えることに、あまり意味はない。

どんな馬でも、調教をやり過ぎると壊れてしまう。馬を仕上げるには時間がかかり苦労するのに、壊れるのは一瞬だ。調子を戻すのにもまた、ひと苦労する。

調教で最も大切なのは加減だと思う。

極端な馬をつくろうとハードな調教をして、どんどん追い込んで走ることに夢中にさせてしまった馬は、熱心な性格であればあるほどコントロールがきかなくなり、競馬をやめてしまうリスクが高まるからだ。

ディープインパクトの新馬戦に乗った武豊騎手が、「ここで鞭を使ったら、この馬は走るのが好きだから逃げ馬になってしまう。だから行き過ぎないようにノーステッキで後ろから行くようにしていた。ちょっと指示したら行き過ぎてしまって、ただの逃げ馬で終わってしまうから」とコメントをしていたのも、極端な馬にしないための競馬での馴致だろう。

そういうこともあって、私は何か特別な調教方法をしているというのではない。ただし、おのおのの馬の性格や弱いところ、そこをどう補っていくかという点については、次項で触れる外厩を利用しながら、十分留意している。たとえば「この馬にこのメニューではちょっと難しいのかな」となれば、「もうちょっとここを伸ばそうかな」と、感覚的に思ったところでさじ加減をする。ハードに攻めるのか、それとも距離に変化をつけるのか……それはもう、細かいところの調整になる。

先ほど触れたアパパネを例にとると、桜花賞（芝1600m）に合わせた調教では、短めの坂路のコースを使っての息づくり（肺を膨らませる）を重点的にこなし、距離の伸びるオークス（芝2400m）に向けては、ポリトラックやウッドチップのコースを使って普段よりも長めの距離を走らせるとともに、レースを想定して終いはしっかり追い込むという調教をこなしたのである。

人間でも同じだと思うが、少なくとも先入観に捉われすぎて「このタイプの場合はこうだ」「こうすべきだ」と決めつけることは非常に危険だ。

外厩の進化

昨今の競馬界では、ダービーを1年の区切りとする傾向が強まってきており、ＪＲＡも新馬戦の時期を前倒しにしている。そのため、デビューの時期が以前よりも明らかに早まってきている。そうした近年の風潮を語るうえで外せないのが、外厩の存在だ。

外厩とは、美浦や栗東のトレセンの外にある、設備が充実しているトレーニング施設のこと。アーモンドアイも外厩を利用している一頭で、私も頻繁に外厩を訪れているが、ここ数年、レースの合間にトレセン内の厩舎と外厩とを行き来して、調教・調整を重ねる競走馬が増えてきている。

たとえば、以前なら「将来性のある馬はじっくり育ててからデビューさせればいい」という考えがあったが、外厩が進化してきた近年は違う。

前章でも少し触れたように、いまは登録頭数が多いので「具合が悪くないなら、早めに使ったほうがいい」という判断のもと、外厩を利用しながら早々に仕上げてデビューさせ、賞金を稼いで次のステップに進める態勢を固めようとするケースが増えてきたのだ。

新馬戦といえば1200～1600mなど短めのレースが多く、新馬にはキツいとされる1800～2000mといった長めのレースは層が薄かったが、いまは外厩で用意周到に仕上げてから臨んでくるから、侮《あなど》れない。

また、血統による距離適性の判断にしても、父が短距離路線で実績を出していたらその仔も同じ路線で走らせ、逆に長距離が得意だったら短距離は控えるといったように、これまでは固定観念に縛られがちだった。

しかし、馬房数からして、私のようなトレセン内の厩舎なら28馬房でやっているのに対し、外厩にはその何倍もの馬房がある。さまざまな血統、タイプの馬を10倍以上のスケールで扱っているのだから、データの集積量がまるで違う。

競馬を細かく検証して、この血統、この産駒、このフィジカル、このポテンシャル、この適性距離……おのおのの馬に合った最善の調教方法や最適なレースを見出だすことが可能だし、これまでの固定観念を打ち破るカギにもなる。

アーモンドアイを含むロードカナロア産駒[注82]にしても、やはり外厩の考え方に一歩進んでいるところがある。短距離が得意だった父の現役時代の実績から、産駒も中距離以上はあまり向いていないと思いがちだが、多面的に見て色々なチャンスを探っているというのが外厩の現実だ。

また、放牧した若馬に万歩計のような計器をつけて、GPSで追跡しデータを取っているケースもある。行動範囲や移動歩数が測れることで、馬の疲労状態も判断できるので、過度な調教を防ぐこともできる。

そうしたデータをもとに、可能性と多様性を探りながら、これまで見過ごされてきた潜在能力を引き出そうとする努力を、外厩は懸命に重ねている。

トレッドミルとメトロノーム

南アフリカのマイク・デコック調教師は世界的なトップトレーナーの一人だが、ドバイに構える厩舎には、トレーニング用マシンを設置している。競走馬専用のトレッドミル（屋内ランニングマシン）だ。騎乗しなくてもトレーニングができるので、肢元や背中への負担を軽減できる。この調教師の管理馬が香港やドバイのレースで活躍していることを受け、日本の外厩もトレッドミルを設置。心拍数を取ってデータ解析をしているほか、数分ごとにマシンの傾斜角度や速度を変化させ、科学的検証に基づいた育成もしている。

その際、馬の安全性に関しては専門のスタッフが2名ついて、それぞれの馬に適合したメニューをつくっている。

乗り役のヘルメットにメトロノームを着けてリズムを取り、正確なタイムを刻む走法もなされている。これはトレセン内でも行われているが、ベテラン、新人の差をなくす効果が期待されよう。

各馬担当チームとそのリーダーたちが、切磋琢磨しながら、まるで実際のトレセン内の厩舎さながらに成績向上に励み、我々とはウィンウィンの関係を築きながら、強い馬づくりに取り組む――外厩が〝第二のトレセン〟と言われるゆえんである。

注82 【ロードカナロア】19戦13勝。2012年にスプリンターズステークス、香港スプリント（シャティン競馬場・芝1200m）を制したほか、翌13年は高松宮記念、安田記念に加え、前年に続いてスプリンターズステークス、香港スプリントも優勝するという活躍により、年度代表馬に選出された

第４章　海外レースに挑む

日本馬の海外レース出走数（のべ）

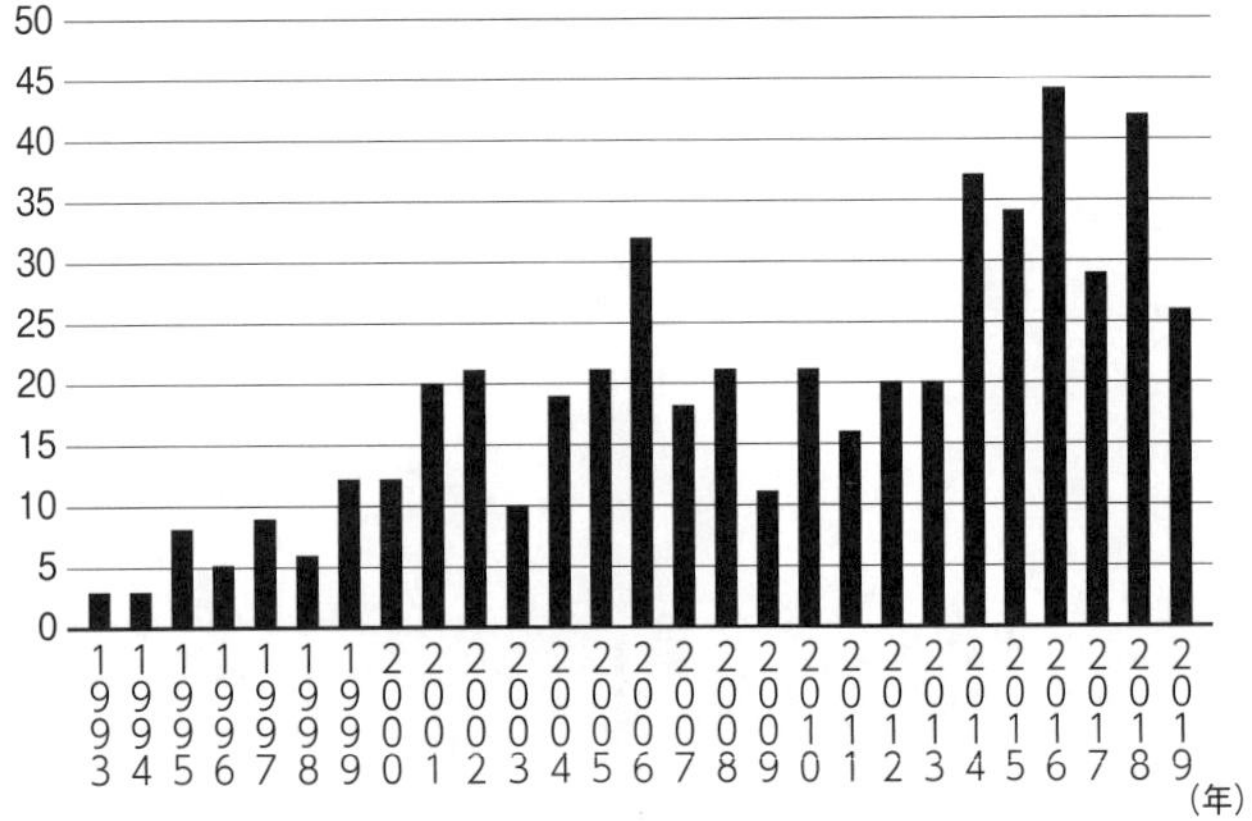

JRAホームページ「日本馬海外遠征の記録」などをもとに作成（2019年は8月末時点）／左のグラフも同じ

遠征の歴史

ひと昔前に比べて、国内で研鑽を積み実績を残した馬が世界に視線を向けるというのは、自然な流れになってきている。1990年代、日本馬の海外レース出走数はのべ46回だが、2000年代185回、2010年代289回（2019年8月末時点）と着実に増え（上）、数多くの優勝馬がうまれている（100～101頁参照）。

私もこれまでに5頭の馬で海外レースに参戦してきた。マツリダゴッホの2008年クイーンエリザベス2世カップ（香港・シャティン競馬場・芝2000m／6

国別出走数（のべ）

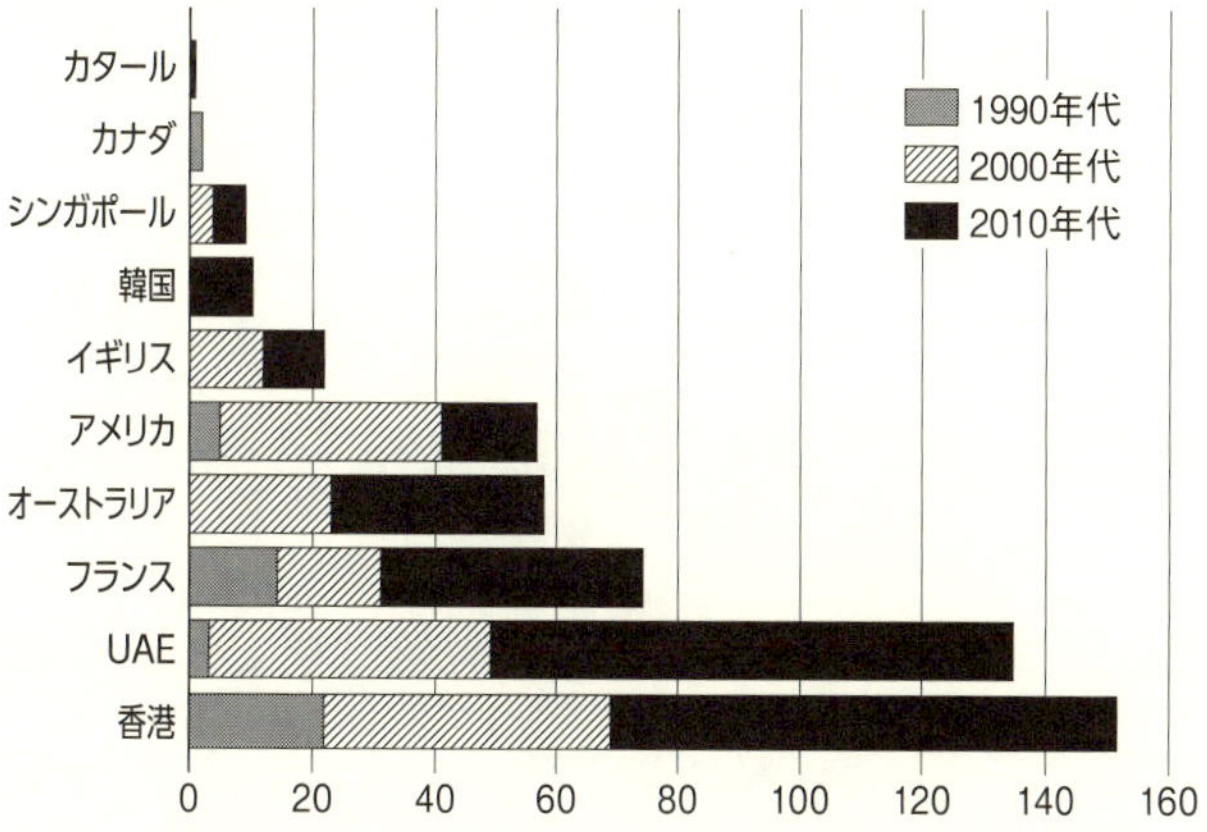

着）、マイネルシーガルの同年チャンピオンズマイル（同・芝1600m／10着）、アパパネの2011年香港マイル（同／13着）、ダノンプラチナの2015年香港マイル（同／7着）、そしてアーモンドアイの2019年ドバイターフ（UAE・メイダン競馬場・芝1800m／優勝）だ。

香港が多いのは、距離的に近いので輸送の負担が少なくて、芝が日本のものと似ており、他の地域より日本馬の出走数も多く（上）、これまで蓄積されたデータや経験が豊富だからだ。

私にとっての香港遠征は苦い経験となったが、その借りはドバイで返せたといっていいだろう。

■フランス

モーリスドゲスト賞（ドーヴィル競馬場・芝1300m・3歳以上）				
シーキングザパール	牝4	武豊	森 秀行	1998
アベイドロンシャン賞（ロンシャン競馬場・芝1000m・2歳以上）				
アグネスワールド	牡4	武豊	森 秀行	1999
サンクルー大賞（サンクルー競馬場・芝2400m・4歳以上）				
エルコンドルパサー	牡4	蛯名正義	二ノ宮敬宇	1999
イスパーン賞（シャンティイ競馬場・芝1800m・4歳以上）				
エイシンヒカリ	牡5	武豊	坂口正則	2016

■オーストラリア

メルボルンカップ（フレミントン競馬場・芝3200m・3歳以上）				
デルタブルース	牡5	岩田康誠	角居勝彦	2006
コーフィールドカップ（コーフィールド競馬場・芝2400m・3歳以上）				
アドマイヤラクティ	牡6	Z.パートン	梅田智之	2014
オールエイジドステークス（ロイヤルランドウィック競馬場・芝1400m・2歳以上）				
ハナズゴール	牝5	N.ローウィラー	加藤和宏	2014
ジョージライダーステークス（ローズヒルガーデンズ競馬場・芝1500m・3歳以上）				
リアルインパクト	牡7	J.マクドナルド	堀 宣行	2015

■アメリカ

アメリカンオークス（サンタアニタパーク競馬場・芝2000m・3歳牝馬）				
シーザリオ	牝3	福永祐一	角居勝彦	2005

■イギリス

ジュライカップ（ニューマーケット競馬場・芝1200m・3歳以上）				
アグネスワールド	牡5	武豊	森 秀行	2000
ナッソーステークス（グッドウッド競馬場・芝1980m・3歳以上牝馬）				
ディアドラ	牝5	O.マーフィー	橋田 満	2019

■シンガポール

シンガポールエアラインズインターナショナルカップ（クランジ競馬場・芝2000m・3歳以上）				
シャドウゲイト	牡5	田中勝春	加藤征弘	2007

おもな日本の海外ＧⅠ優勝馬

JRAホームページ「日本馬海外遠征の記録」などをもとに作成

■香港

香港マイル（シャティン競馬場・芝1600m・3歳以上）

エイシンプレストン	牡4	福永祐一	北橋修二	2001
ハットトリック	牡4	O.ペリエ	角居勝彦	2005
モーリス	牡4	R.ムーア	堀 宣行	2015

香港カップ（シャティン競馬場・芝2000m・3歳以上）

アグネスデジタル	牡4	四位洋文	白井寿昭	2001
エイシンヒカリ	牡4	武豊	坂口正則	2015
モーリス	牡5	R.ムーア	堀 宣行	2016

香港ヴァーズ（シャティン競馬場・芝2400m・3歳以上）

ステイゴールド	牡7	武豊	池江泰郎	2001
サトノクラウン	牡4	J.モレイラ	堀 宣行	2016

クイーンエリザベスⅡ世カップ（シャティン競馬場・芝2000m・3歳以上）

エイシンプレストン	牡5	福永祐一	北橋修二	2002
エイシンプレストン	牡6	福永祐一	北橋修二	2003
ルーラーシップ	牡5	U.リスポリ	角居勝彦	2012
ネオリアリズム	牡6	J.モレイラ	堀 宣行	2017
ウインブライト	牡5	松岡正海	畠山吉宏	2019

香港スプリント（シャティン競馬場・芝1200m・3歳以上）

ロードカナロア	牡4	岩田康誠	安田隆行	2012
ロードカナロア	牡5	岩田康誠	安田隆行	2013

香港チャンピオンズマイル（シャティン競馬場・芝1600m・3歳以上）

モーリス	牡5	J.モレイラ	堀 宣行	2016

■UAE

ドバイデューティーフリー（ナドアルシバ競馬場※・芝1777m・4歳以上）

アドマイヤムーン	牡4	武豊	松田博資	2007
ジャスタウェイ	牡5	福永祐一	須貝尚介	2014

※2010年からメイダン競馬場・芝1800m、2015年から名称をドバイターフに変更

ドバイターフ（メイダン競馬場・芝1800m・4歳以上）

リアルスティール	牡4	R.ムーア	矢作芳人	2016
ヴィブロス	牝4	J.モレイラ	友道康夫	2017
アーモンドアイ	牝4	C.ルメール	国枝 栄	2019

ドバイワールドカップ（メイダン競馬場・ダート※2000m・4歳以上）

ヴィクトワールピサ	牡4	M.デムーロ	角居勝彦	2011

※2011年はオールウェザー

ドバイシーマクラシック（メイダン競馬場※・芝2410m・4歳以上）

ハーツクライ	牡5	C.ルメール	橋口弘次郎	2006
ジェンティルドンナ	牝5	R.ムーア	石坂 正	2014

※2006年はナドアルシバ競馬場・2400m

牝馬三冠馬の先輩アパパネの遠征体験が、後輩アーモンドアイの遠征に活かせたことになる。結果を出すことができたのも、先人たちによる数々の挑戦の歴史があったからだ。

日本国内で調教された競走馬による海外遠征のうち、記録の残るものとしては、1909年にロシアのウラジオストクで行われた、日露大競馬会への参加が最古という。

1954年、アメリカのローレルパーク競馬場から国際招待競走ワシントンDC国際への招待状が送付されると、日本中央競馬会はこれに応じ、初代年度代表馬のハクリョウが派遣されることになったが、輸送上の問題が発覚し、実現しなかった。

1958〜59年には、当時日本最強馬と目されていたハクチカラのアメリカ遠征が実現（17戦1勝）。その際、日本から同行して5戦目まで騎乗した保田隆芳騎手[注83]は、それまで日本で普及していた鐙革《あぶみがわ》の長い「天神乗り」から、鐙革を短く詰めたアメリカ式の「モンキー乗り」へとフォームを改め、日本へ持ち帰った。日本において第一人者となった保田騎手のフォーム改造は他の騎手にも影響を与え、モンキー乗りは中央、地方競馬いずれにおいても主流のフォームとして定着した。また保田騎手はこのとき、日本競馬とアメリカ競馬について「直感的に30年の差を感じた」と語っている。

興味深い記録としては、中山大障害（中山競馬場・障害芝4100m）4連覇をはたしていたフジノオーがイギリスからの勧誘を受け、1966年、大きな生垣を超えて直角に曲がる「キャナルターン」で知られる世界一過酷な障害戦グランドナショナル（元障害騎手の作家ディック・フランシスの『女王陛下の騎手』でも有名）に挑んだケースが挙げられる。

規定の最高斤量である168ポンド（76・2キロ）を負ったフジノオーは、第16障害で飛越を拒否し競走中止という結果に終わっている。

ところが、そのままヨーロッパに留まり、転戦先のフランスにおいてレーヌ賞、クリスチャン・ド・レルミト賞に出走するといずれも勝利するという快挙を遂げ、欧州競馬界に日本馬の存在をおおいにアピールした（計16戦2勝）。障害競走への出走を目的とした遠征は、これが戦後唯一の事例だ。

注83【保田隆芳】騎手としてJRA通算1295勝。おもな騎乗馬にハクチカラ（1956年ダービー、57年天皇賞・秋、有馬記念）、ハクショウ（61年ダービー）、ハクズイコウ（66年天皇賞・春）、コレヒデ（66年天皇賞・秋、有馬記念）など。引退後、調教師として手掛けた馬に、メジロアサマ（70年天皇賞・秋）、トウショウボーイ（注26）がいる

日本最強馬の挑戦

海外遠征史で特筆すべき存在なのが、スピードシンボリだろう。

まず、1967年に野平祐二騎手とともに挑んだワシントンDC国際で、5着と善戦。その後はオーナーの和田共弘氏の意向により、1969年からイギリス、フランスへと遠征を重ね、日本馬としてはじめて、キングジョージ6世&クイーンエリザベスステークスと凱旋門賞に挑戦した。結果はキングジョージが5着、凱旋門賞は24頭中11着以下に終わった。のちに歴代遠征馬の馬主が「国際レースに勝つには」という議題で議論した際、日本と欧米の差は馬の血統、管理、飼料、調教施設、遠征の方法論といった、あらゆる面で負けている、と和田氏は指摘したという。

私が最も強く印象に残っているのは、無敗でクラシック三冠を達成したGI7勝馬シンボリルドルフによる1986年の海外遠征だった。

アメリカ・サンタアニタパーク競馬場で行われるサンルイレイステークス（芝2400m）への挑戦が決まった日本最強馬の遠征に周囲は盛り上がり、衛星テレビ放送とラジオ放送が放送権利を獲得し、旅行代理店は応援観戦ツアーを企画しファンを募った。

そんな周囲の盛り上がりの中、異変に気づいたスタッフの声を受けて、野平祐二調教師、岡部幸雄騎手がまたがると即座に脚部不安を感じ、和田氏に遠征の中止を申し出たという。さすがに和田氏も不安を感じたのか決行か中止かの判断を下す前に、和田氏が最も信頼している獣医に見せたところ、その獣医は「これまで通りで問題ない」と答えたとされる。こうして〝皇帝〟は6歳の誕生日に日本を出発。一路アメリカへと旅立った。しかし、結果は7頭中6着だった。

私はまさかあのシンボリルドルフが負けるとは思わなかった。それまでの挑戦の経験からあらゆる準備と計算をもってすれば、十分勝てると思っていた。体調が万全ではなかったことは残念だったが、世界の壁の厚さをまざまざと感じた一戦だった。

はるかなる凱旋門賞

スピードシンボリのあと、1972年にメジロムサシ、86年にシリウスシンボリが凱旋門賞に挑んだ。

『凱旋門賞の歴史（1920－1951）、（1952－1964）、（1965－1982）』
（いずれも（財）競馬国際交流協会刊）、JRA ホームページなどをもとに作成

日本馬	性齢	着順	騎手	調教師	
					第一次世界大戦後、衰退したフランス競馬再興のために行われた。優勝タイムは2分39秒00
					生産者は、カムラッドの馬主だったサン=タラリー
					初の連覇
					1位入線のカデュムが進路妨害により2着降着、プリオリが繰り上がり優勝
					初の優勝牝馬
					5歳と7歳で優勝
					初の牝馬連覇
					1926年優勝馬ビリビの仔(初の父仔優勝)
					ル・トランブレー競馬場(芝2300m)で開催
					同上
					世界一の高額賞金レースに。1942年優勝馬ジェベルの仔(初の父娘優勝)

凱旋門賞結果一覧

	開催	優勝馬	性齢	騎手	調教師
第1回	1920年10月3日	カムラッド(英)	牡3	F.ブロク	P.P.ギルピン
第2回	1921年10月9日	クサール(仏)	牡3	G.スターン	W.R.ウォルトン
第3回	1922年10月8日	クサール(仏)	牡4	F.ブロク	W.R.ウォルトン
第4回	1923年10月7日	パース(英)	牡3	F.オニール	J.H.クローファド
第5回	1924年10月5日	マシーン(仏)	牡4	A.シャープ	E.カニントン
第6回	1925年10月4日	プリオリ(仏)	牡3	M.アルマン	P.カーター
第7回	1926年10月3日	ビリビ(仏)	牡3	D.トルテローロ	J.トルテローロ
第8回	1927年10月9日	モンタリスマン(仏)	牡3	C.H.サンブラ	F.カーター
第9回	1928年10月7日	カンタル(仏)	牡3	A.エスリン	R.カーヴァー
第10回	1929年10月6日	オルテロ(伊)	牡3	P.カプリオリ	W.カーター
第11回	1930年10月5日	モトリコ(仏)	牡5	M.フリュインショルツ	M.ドクイサン
第12回	1931年10月4日	パールキャップ(仏)	牝3	C.H.サンブラ	F.カーター
第13回	1932年10月9日	モトリコ(仏)	牡7	C.H.サンブラ	M.ドクイサン
第14回	1933年10月8日	クラポム(伊)	牡3	P.カプリオリ	F.レゴリ
第15回	1934年10月7日	ブラントーム(仏)	牡3	C.ブイヨン	L.ロベール
第16回	1935年10月6日	サモス(仏)	牝3	W.シブリット	F.カーター
第17回	1936年10月4日	コリーダ(仏)	牝4	C.エリオット	J.ワッツ
第18回	1937年10月3日	コリーダ(仏)	牝5	C.エリオット	J.ワッツ
第19回	1938年10月9日	エクレールオショコラ(仏)	牡3	C.ブイヨン	L.ロベール
第20回	1941年10月5日	ルパシャ(仏)	牡3	P.フランコロン	J.カニントン
第21回	1942年10月4日	ジェベル(仏)	牡5	J.ドワイヤベール	C.H.サンブラ
第22回	1943年10月3日	ヴェルソII(仏)	牡3	G.デュフォレ	C.クルー
第23回	1944年10月22日	アルダン(仏)	牡3	J.ドワイヤベール	C.H.サンブラ
第24回	1945年9月30日	ニケロラ(仏)	牝3	W.ジョンストン	R.プラ
第25回	1946年10月6日	カラカラ(仏)	牡4	C.エリオット	C.H.サンブラ
第26回	1947年10月5日	ルパイヨン(仏)	牡5	F.ロケッティ	W.ヘッド
第27回	1948年10月3日	ミゴリ(英)	牡4	C.スマーク	F.バターズ
第28回	1949年10月9日	コロネーション(仏)	牝3	R.ポワンスレ	C.H.サンブラ
第29回	1950年10月8日	タンティエーム(仏)	牡3	J.ドワイヤベール	F.マテ

日本馬	性齢	着順	騎手	調教師	
					生産者はフェデリコ・テシオ
					初の海外馬連覇。史上最大の6馬身差
					1955~56年優勝馬リボーの仔
					1955~56年優勝馬リボーの仔
					6馬身差で勝利
					史上最多の30頭立て
スピードシンボリ	牡6	着外	野平祐二	野平省三	スピードシンボリは欧州に長期滞在し、キングジョージ6世&クイーンエリザベスステークス、ドーヴィル大賞典を経て挑戦。完敗して帰国後、有馬・宝塚・有馬とグランプリ3連勝
					英国三冠馬ニジンスキーが出走するも、アタマ差の2着
					2分28秒30でレコード勝ちしたミルリーフが、史上初の欧州三冠(イギリスダービー、キングジョージ、凱旋門賞)を達成
メジロムサシ	牡5	18	野平祐二	大久保末吉	日本人馬主の所有馬が3頭出走(メジロムサシを含む)。樫山純三のハードツービート(日本人馬主初のフランスダービー馬)は本命視されていたが8着(翌年は3着)。山本慎一のエリモホークはアスコットゴールドカップやグッドウッドカップに勝ったステイヤーだった。優勝馬サンサンは日本人に買われ、北海道で繁殖牝馬となった
					1965年優勝馬シーバードの仔
					独調教馬としてはじめて優勝

	開催	優勝馬	性齢	騎手	調教師
第30回	1951年10月7日	タンティエーム(仏)	牡4	J.ドワイヤベール	F.マテ
第31回	1952年10月5日	ヌッチョ(仏)	牡4	R.ポワンスレ	A.ヘッド
第32回	1953年10月4日	ラソレリーナ(仏)	牝3	M.ラローン	E.ポレ
第33回	1954年10月3日	シカボーイ(仏)	牡3	W.ジョンストン	P.プラ
第34回	1955年10月9日	リボー(伊)	牡3	E.カミーチ	U.ペンコ
第35回	1956年10月7日	リボー(伊)	牡4	E.カミーチ	U.ペンコ
第36回	1957年10月6日	オロソ(仏)	牡4	S.ブーランジェ	D.レスカル
第37回	1958年10月5日	バリモス(愛)	牡4	A.ブリーズリー	V.オブライエン
第38回	1959年10月4日	セントクレスピン(仏)	牡3	G.ムア	A.ヘッド
第39回	1960年10月9日	ピュイッサンシェフ(仏)	牡3	M.ガルシア	C.バーソロミュー
第40回	1961年10月8日	モルヴェド(伊)	牡3	E.カミーチ	A.マッギ
第41回	1962年10月7日	ソルティコフ(仏)	牡3	M.デパルマ	R.プラ
第42回	1963年10月6日	エクスビュリ(仏)	牡4	J.ドフォルジュ	G.ワトソン
第43回	1964年10月4日	プリンスロイヤル(仏)	牡3	R.ポワンスレ	G.ブリッジラン
第44回	1965年10月3日	シーバード(仏)	牡3	T.P.グレノン	E.ポレ
第45回	1966年10月9日	ボンモー(仏)	牡3	F.ヘッド	W.ヘッド
第46回	1967年10月8日	トピオ(仏)	牡3	W.パイアーズ	C.バーソロミューJr.
第47回	1968年10月6日	ヴェイグリーノーブル(仏)	牡3	W.ウィリアムソン	C.ポレ
第48回	1969年10月5日	レヴモス(愛)	牡4	W.ウィリアムソン	S.マグラー
第49回	1970年10月4日	ササフラ(仏)	牡3	Y.サンマルタン	F.マテ
第50回	1971年10月3日	ミルリーフ(英)	牡3	G.ルイス	I.ボールディング
第51回	1972年10月8日	サンサン(仏)	牝3	F.ヘッド	A.ペナ
第52回	1973年10月7日	ラインゴールド(英)	牡4	L.ピゴット	B.ヒルズ
第53回	1974年10月6日	アレフランス(仏)	牝4	Y.サンマルタン	A.ペナ
第54回	1975年10月5日	スターアピール(西独)	牡5	G.スターキー	T.グリーパー

日本馬	性齢	着順	騎手	調教師	
					ニュージーランドからの遠征馬バルメリーノが2着。欧州馬以外では初の連対
					レコード勝ち(2分28秒0)
					史上初めて牝馬が1~4着を独占。5年連続牝馬が優勝
					連覇を目指していたサガスが1着入線するも進路妨害により2着降着。被害馬で2着入線のレインボウクエストが繰り上がり優勝
シリウスシンボリ	牡4	14	M.フィリッペロン	二本柳俊夫	レコード勝ち(2分27秒7)/ダービー馬のシリウスシンボリは4歳のキングジョージから2年にわたって欧州滞在
					レコード勝ち(2分26秒3)/P.エデリーが初の3連覇
					1985年優勝馬レインボウクエストの仔/柴田政人騎乗のアサティスは12着
					1980年優勝馬デトロワの仔(初の母仔制覇)/武豊騎乗のホワイトマズルは6着、岡部幸雄騎乗のダンシェンヌは20着
					ラムタラ欧州三冠を達成
					ピルサドスキーが2着
					レコード勝ち(2分24秒6)/2着のピルサドスキーに5馬身差、連覇を狙ったエリシオが6着/サクラローレル出走予定も、フォワ賞で故障、引退
					O.ペリエが史上2人目の3連覇
エルコンドルパサー	牡4	2	蛯名正義	二ノ宮敬宇	
					武豊騎乗のサガシティが3着

	開催	優勝馬	性齢	騎手	調教師
第55回	1976年10月3日	イヴァンジカ(仏)	牝4	F.ヘッド	A.ヘッド
第56回	1977年10月2日	アレッジド(愛)	牡3	L.ピゴット	V.オブライエン
第57回	1978年10月1日	アレッジド(愛)	牡4	L.ピゴット	V.オブライエン
第58回	1979年10月7日	スリートロイカス(仏)	牝3	F.ヘッド	C.ヘッド
第59回	1980年10月5日	デトロワ(仏)	牝3	P.エデリー	O.ドゥイブ
第60回	1981年10月4日	ゴールドリヴァー(仏)	牝4	G.W.ムア	A.ヘッド
第61回	1982年10月3日	アキイダ(仏)	牝3	Y.サンマルタン	F.マテ
第62回	1983年10月2日	オールアロング(仏)	牝4	W.スウィンバーン	P.ビアンコーヌ
第63回	1984年10月7日	サガス(仏)	牡4	Y.サンマルタン	P.ビアンコーヌ
第64回	1985年10月6日	レインボウクエスト(英)	牡4	P.エデリー	J.ツリー
第65回	1986年10月5日	ダンシングブレーヴ(英)	牡3	P.エデリー	G.ハーウッド
第66回	1987年10月4日	トランポリーノ(仏)	牡3	P.エデリー	A.ファーブル
第67回	1988年10月2日	トニービン(伊)	牡5	J.リード	L.カミーチ
第68回	1989年10月8日	キャロルハウス(英)	牡4	M.キネーン	M.ジャーヴィス
第69回	1990年10月7日	ソーマレズ(仏)	牡3	G.モッセ	N.クレマン
第70回	1991年10月6日	スワーヴダンサー(仏)	牡3	C.アスムッセン	J.ハモンド
第71回	1992年10月4日	スボティカ(仏)	牡4	T.ジャルネ	A.ファーブル
第72回	1993年10月3日	アーバンシー(仏)	牝4	E.サンマルタン	J.レボルド
第73回	1994年10月2日	カーネギー(仏)	牡3	T.ジャルネ	A.ファーブル
第74回	1995年10月1日	ラムタラ(英)	牡3	L.デットーリ	S.ビン・スルール
第75回	1996年10月6日	エリシオ(仏)	牡3	O.ペリエ	E.ルルーシュ
第76回	1997年10月5日	パントレセレブル(仏)	牡3	O.ペリエ	A.ファーブル
第77回	1998年10月4日	サガミックス(仏)	牡3	O.ペリエ	A.ファーブル
第78回	1999年10月3日	モンジュー(仏)	牡3	M.キネーン	J.ハモンド
第79回	2000年10月1日	シンダー(愛)	牡3	J.ムルタ	J.オックス
第80回	2001年10月7日	サキー(英)	牡4	L.デットーリ	S.ビン・スルール

日本馬	性齢	着順	騎手	調教師	
マンハッタンカフェ	牡4	13	蛯名正義	小島太	
タップダンスシチー	牡7	17	佐藤哲三	佐々木晶三	
					1999年優勝馬モンジューの仔
ディープインパクト	牡4	失	武豊	池江泰郎	ディープインパクトが史上初の失格
メイショウサムソン	牡5	10	武豊	高橋成忠	
					1993年優勝馬アーバンシーの仔
ナカヤマフェスタ	牡4	2	蛯名正義	二ノ宮敬宇	
ヴィクトワールピサ	牡3	7	武豊	角居勝彦	
ヒルノダムール	牡4	10	藤田伸二	昆貢	レコード勝ち(2分24秒49)。独調教馬としては36年ぶり2頭目の優勝
ナカヤマフェスタ	牡5	11	蛯名正義	二ノ宮敬宇	
オルフェーヴル	牡4	2	C.スミヨン	池江泰寿	
アヴェンティーノ	牡8	17	A.クラストゥス	池江泰寿	
オルフェーヴル	牡5	2	C.スミヨン	池江泰寿	
キズナ	牡3	4	武豊	佐々木晶三	
ハープスター	牝3	6	川田将雅	松田博資	
ジャスタウェイ	牡5	8	福永祐一	須貝尚介	
ゴールドシップ	牡5	14	横山典弘	須貝尚介	
					3連覇をめざしたトレヴは4着(1番人気)
マカヒキ	牡3	14	C.ルメール	友道康夫	
サトノダイヤモンド	牡4	15	C.ルメール	池江泰寿	シャンティイ競馬場(芝2400m)で開催。A.オブライエン調教師の馬が1～3着独占
サトノノブレス	牡7	16	川田将雅	池江泰寿	
クリンチャー	牡4	17	武豊	宮本博	シャンティイ競馬場(芝2400m)で開催

	開催	優勝馬	性齢	騎手	調教師
第81回	2002年10月6日	マリエンバード(英)	牡5	L.デットーリ	S.ビン・スルール
第82回	2003年10月5日	ダラカニ(仏)	牡3	C.スミヨン	A.ドゥロワイエデュプレ
第83回	2004年10月3日	バゴ(仏)	牡3	T.ジレ	J.ピース
第84回	2005年10月2日	ハリケーンラン(仏)	牡3	K.ファロン	A.ファーブル
第85回	2006年10月1日	レイルリンク(仏)	牡3	S.パスキエ	A.ファーブル
第86回	2007年10月7日	ディラントーマス(愛)	牡4	K.ファロン	A.オブライエン
第87回	2008年10月5日	ザルカヴァ(仏)	牝3	C.スミヨン	A.ドゥロワイエデュプレ
第88回	2009年10月4日	シーザスターズ(愛)	牡3	M.キネーン	J.オックス
第89回	2010年10月3日	ワークフォース(英)	牡3	R.ムーア	M.スタウト
第90回	2011年10月2日	デインドリーム(独)	牝3	A.シュタルケ	P.シールゲン
第91回	2012年10月7日	ソレミア(仏)	牝4	O.ペリエ	C.ラフォンパリアス
第92回	2013年10月6日	トレヴ(仏)	牝3	T.ジャルネ	C.ヘッドマーレック
第93回	2014年10月5日	トレヴ(仏)	牝4	T.ジャルネ	C.ヘッドマーレック
第94回	2015年10月4日	ゴールデンホーン(英)	牡3	L.デットーリ	J.ゴスデン
第95回	2016年10月2日	ファウンド(愛)	牝4	R.ムーア	A.オブライエン
第96回	2017年10月1日	エネイブル(英)	牝3	L.デットーリ	J.ゴスデン
第97回	2018年10月7日	エネイブル(英)	牝4	L.デットーリ	J.ゴスデン
第98回	2019年10月6日				
第99回	2020年10月				
第100回	2021年10月				

■優勝馬の調教国

フランス66回、イギリス15回、アイルランド8回、イタリア6回、ドイツ2回

■優勝馬の年齢（カッコ内は牝馬数）

3歳60頭（13頭）、4歳29頭（10頭）、5歳7頭（1頭）、6歳0頭、7歳1頭

■最多勝

騎手：L.デットーリ（6勝）

調教師：A.ファーブル（7勝）

馬主：M.ブサック、ハーリド・アブドゥラ殿下（6勝）

メジロムサシは18着、シリウスシンボリは14着と大敗を喫している。そのためか、この2頭に続く馬がなかなか出てこなかったが、1999年、久しぶりに機会は訪れた。エルコンドルパサー[注84]である。日本競馬界の悲願を達成すべく、凱旋門賞の約半年前に渡欧して前哨戦を3戦こなすなど、現地で長期滞在をしての調整が功を奏し、敗れはしたものの、モンジューの2着と大健闘。

「おそらく硬い馬場だったら敵わなかったと思う。あれだけモンジューにとって好条件が揃ったのに、2頭の勝ち馬がいたも同然の結果だったのだから」

とまで相手陣営に言わしめた。

2006年のディープインパクトの凱旋門賞挑戦は、3位入線も最終的には失格という残念な結果に終わった[注11]。体調が万全ではなく、そのための治療薬からドーピング検査に反応してしまったわけだが、レース運びもポンと出てしまい、結局いつものスタイルではなく先に行ってしまった。

2012年に挑んだオルフェーヴル[注75]の時はもう、勝ったと思った。海外馬を力でねじ伏せ、とうとう日本馬が凱旋門賞を制したと。ところが最後の直線で、右にヨレる癖が出てしまった。鞍上のクリストフ・スミヨン[注85]騎手も驚いたことだろう。しかし、これも競馬。ゴールするまではどんなアクシデントが潜んでいるか全くわからない。

日本馬はあともう少しで手が届きそうだというのに、地の利、馬場、運に左右される。たしかに、凱旋門賞のコースは、過度の高低差やトリッキーなコーナー（フォルスストレート＝偽りの直線）に、深くて重い芝など、課題は多い。直前に行ってすぐに対応できるレースではない。しかし、日本競馬界の総力を結集すれば早晩、勝利の日は訪れるだろう。現在の日本馬にはその資質が十分あるはずだ。

輸送事情

ここで、海外遠征で重要なポイントとなる輸送について、触れておきたい。

ドバイターフに参戦したアーモンドアイの場合、国際招待レースなので、遠征費用等はすべてドバイ側が負担してくれた。実際の輸送は、専門のプロチームに任せていて、私たちの手間はアーモンドアイを成田空港に運ぶところまでだった。現地からの

注84【エルコンドルパサー】11戦8勝。おもな勝ち鞍に1998年NHKマイルカップ、ジャパンカップ。翌年4月に日本を出発、イスパーン賞（GⅠ・2着）、サンクルー大賞（GⅠ・優勝）、フォワ賞（GⅡ・優勝）を経て、凱旋門賞に挑んだ

注85【クリストフ・スミヨン】ベルギー出身。凱旋門賞は2003年（ダラカニ）、08年（ザルカヴァ）に優勝

チャーター便にスタッフは帯同しない。私たちはアーモンドアイの個性や性格はわかっていても、飛行機輸送に関する経験値は少ない。だから、私たち以上にさまざまなノウハウを持っている輸送チームに任せておけばいい状況にある（日本から現地に持ち込めない物資もあるので、飼料や水、薬品やサプリは現地調達となる）。

機内では、馬の頭を保護するヘッドギアと脚を守る肢巻《しまき》のプロテクターを装着して、4畳半ほどのスペースに積み込まれる。厩《うまや》ごと飛んで行く感じだ。

人間のシートベルト同様、離発着時は結われていても、飛行が安定すれば自由となる。これまでは一般的に馬は機内のカーゴの中で繋がれていたが、今は気管を守るためには頭を下げるほうがいいという理由で、ロープは解かれている。そのあたりもずいぶん研究が進んでいる。

私たちは先回りして現地で待機し、空港で馬が降りて来たら引き取って、そのまま厩舎に入れる。飛行時間が長くてもそれほど揺れもないので、馬にはさほど負担にはならない。

ちなみに香港遠征の際は、朝6時に厩舎を出て、午後3時には現地の馬房に入っていた。美浦から阪神競馬場へ馬運車で行くよりも揺れが少ないので楽だ。また香港の場合、検疫は現地（厩舎）でやるので、馬の負担が少ないのもいい。その反面、たとえばジャパンカップで海外から参戦してくる馬はかわいそうだ。成田空港に到着すると、まず千葉県白井市にある競馬学校内の施設で5日間ほど着地検疫をした後、いま一度移動して東京競馬場に行かなければならないからだ。

海外遠征褒賞金制度

かつて、GⅠ馬が凱旋門賞やドバイ、ブリーダーズカップといったJRAの指定レースで好成績を残した場合、最大5000万円の褒賞金が支給される制度があった。ところが、JRAは2014年度の事業計画を発表した際、売り上げ低迷を理由にその制度を廃止した。

そうした中でも、現在、数多くの日本馬が世界に挑戦している。ドバイでアーモンドアイと走ったディアドラは、その後香港のクイーンエリザベス2世カップに出走、そこからさらにイギリスへと移動し、ナッソーステークス（グッドウッド競馬場・芝1980m）を見事優勝したのである。その費用にしても莫大であろう。すべては陣営の自己負担である。

幸いにして、年間2兆2935億円（2011年）まで下がっていたJRAの売上高は、2兆7950億円（2018年）にまで回復。絶頂期の4兆円（1997年）には程遠いが、回復基調にあるのは確かなのだから、そろそろ褒賞金制度の復活を検討してもいいのではないだろうか。

復活を推す理由は、他にもある。

2016年以降、日本国内にいても、海外の主要レースの馬券を購入できるようになった。どの馬が出走するかによって売り上げは上下するものの、凱旋門賞に限っていうと、毎年20億～40億円の売り上げを記録している。それらがもたらした収益を基金化し、海外遠征費用として使えるようにすればいいのだ。

他のスポーツのオリンピックナショナルチーム同様、競技に専念しやすい環境を整え、海外遠征の背中を押してあげることは、日本競馬を牽引するJRAの役割のひとつではないのか。海外レースで活躍した日本馬が〝スターホース〟となれば、新たなファンを呼ぶだろうし、競馬ファンの裾野が広がって、業界全体の底上げにもつながるはずだ。

先ほども述べたように、二ノ宮敬宇調教師が1999年に長期の海外遠征を敢行し、凱旋門賞でも2着と、エルコンドルパサーを世界の頂点まであと一歩のところまで導いた。その後、日本を代表する名馬が凱旋門賞へ挑戦するも、エルコンドルパサーのように長期海外遠征を敢行してまで〝本気で勝ちにいく〟陣営は現れていない。

エルコンドルパサーが行った半年間の遠征でも億単位の経費が発生したという。当時受けたスポーツ紙の取材に対し、私は、「エルコンドルパサーのように長期滞在した方が有利なのは明らか。でも簡単に行けない事情があるんだよ」と答えている。

さらに「もし凱旋門賞の馬券を国内で発売していたら、並のGIよりよっぽど売れる。その売り上げの1割を海外遠征のサポートに充てれば、経費の問題も一気に解決するんだろうな」とも指摘している。

機は熟した。

世界を目指す馬主さんや世界で活躍する日本馬のため、そして、それを見届けたいと願うファンのみなさんのためにも、制度を整える必要があるだろう。

第５章　東西格差をどう解消するか

西高東低

海外のビッグレースに勝てる馬をつくりたい——調教師ならば誰もが抱いている〝思い〟だ。日々、努力すれば叶うと信じているし、素質のある馬もいる。

ところが、いまの競馬界には、現場の努力だけではどうしようもできない問題が存在していることをご存じだろうか。それが「東西格差」である。

どういうことか。まずはJRAのホームページに公開されている、リーディングトレーナー一覧を見てほしい。これは、前週の日曜までの調教師の成績が、ランキング形式にまとめられたものだ。1着の回数や勝率、通算勝利数、総賞金額などが記されている。

一見、ずらりと調教師20人の名前が並んでいるだけで、何が「問題」なのか、わからない。しかし、各調教師が東（美浦）と西（栗東）のどちらに所属しているかをチェックしてみると……2019年9月16日の時点では、20人中、13人を西の調教師が占めている。

この栗東の占有率の高さは、実は、この週に限ったことではない。今年、たまたま起きている現象でもない。なんと、同じ状況が過去30年もの長きにわたって続いているのだ。その原因について議論しようとすると、たいていの場合、

「東の調教師のほうが能力が劣っているからでしょう？」

「努力不足だからでは？」

の一言で片付けられがちだ。

だが、はたして本当にそうなのだろうか。

30年もすれば多くの調教師が引退、開業で入れ替わる。にもかかわらず、一向にその差は縮まらない。たまたま美浦に能力のない調教師がそろったからなのか？

そうは思わない。もっと根本的な問題があると私は見ている。

輸送競馬の弊害

現在、日本にはＪＲＡの競馬場が10ヵ所存在する（札幌・函館・福島・新潟・中山・東京・中京・京都・阪神・小倉）。かつては、各競馬場に東西ほぼ同じ数の馬が滞在、調教してレースに臨む「滞在競馬」を行っていた。

しかし、この30年間で競馬人気が上昇し、売り上げが伸びて賞金等が増えると、参

加する競走馬の数が増加。それに伴い、レースの時だけ競馬場に赴く「輸送競馬」の時代が訪れると、美浦と栗東、それぞれから競馬場までのアクセスが重要なカギを握るようになった。

たとえば当日輸送でレースに臨む場合、美浦は東京・中山の2場しか行けない（4時間かかる福島は不可）のに対し、栗東は京都・阪神・中京の3場に行ける。

また、美浦の馬が西に行く場合、首都高の渋滞を避けるため、朝4時に出発しなければならず、京都・阪神に到着するには栗東を越えなければならない（8時間超かかる）。小倉に至っては16時間もかかる。

しかし、栗東の馬が東に行く場合、朝10時に発てば大丈夫だし、東京・中山に行くもの美浦の手前で済む（ほぼ8時間以内）。新潟にも6時間程度で行ける。

そうなれば当然、栗東と美浦でレース選択に格差ができ、それはそのまま、成績の格差にもつながるのだが、なぜか30年以上にわたって、この状況は放置されている。

一般企業でも、東西の営業所に同じ成績を期待し、同じコストをかけたとして、長年恒常的な成績格差が生じていれば、何の対策も打てない者に責任が及ぶはずだろう。

馬主さんにしてみれば、「勝つためには、より条件の良い厩舎に入厩させたい」と

東西トレセンと10場の位置関係

思うのは当然のことだ。その思いに応えるためにはまず、美浦にとって明らかに不利な状況を是正する必要があるのだが、東西格差の原因は、この立地条件だけに限らない。次項で紹介する「坂路《はんろ》コース」の格差もまた、30年の長きにわたって放置されてきた問題だった。

東西格差の原因

かねて競馬界では「東西で水が違う。栗東は地下水を汲み上げて供給しているが、その水質や味が馬にいい」「美浦の水源は霞ヶ浦で、それを大型浄水器で供給していることが原因なのでは?」といった、的外れな議論まで繰り広げられるなど、問題の核心にはなかなか至らなかった。

しかし、少し冷静になって過去の経緯を振り返ってみると、その原因は明らかだ。そもそも、東西のトレセン開業以前、調教師は各競馬場近くに厩舎を構え、競馬場で調教をこなしレースに臨んでいたのだが、競馬場周辺の都市化に伴い、競走馬の飼育に適さなくなったことから、トレセンの建設は始まっている。

まず、1969〜70年、中京、阪神、京都の3場の厩舎が栗東に集められた。

一方、美浦はもともと空港誘致を目指していたが、失敗。その後トレセンの誘致に成功したものの用地買収や工事に手間どったため、結局栗東から9年遅れの1978年、ようやく開業にこぎつけた。

栗東の開業当初は、関西馬が劣勢だった。なぜなら、（美浦開業前の）関東の東京、中山の両競馬場には〝坂〟があり、「そこで鍛錬されるから、関東馬は強いのではないか？」と見られていたからだ。ダービーが開催される東京競馬場の最後の長い直線の坂は、走り慣れていない関西馬には不利で、馬の故障の原因になるとまで言われた。

こうした意見がキッカケとなって、1985年、栗東に坂路[注86]コースができた。もともとあった山の斜面を利用したもので、当初はコースの長さが短いことから、様子見の調教師も多かったという。

だが、当初から坂路の効果を見込んでいた戸山為夫[注87]調教師が坂路を利用したハード調教でミホノブルボン[注88]を仕上げて結果を出すと、他の調教師の利用も拡大したため、坂路コースは延長された。

1978年、関東が〝坂〟のある競馬場から平坦な美浦に移転後、数年間はまだ関東のほうが優勢だったが、栗東に坂路ができた3年後の1988年、力関係が逆転。慌てた美浦は、栗東から遅れること8年後の1993年に坂路をつくったものの、高低差が栗東よりも小さく、調教効果は薄かった。

この影響が今なお続いている、というのが、東西格差の一因だ。

注86【坂路】傾斜のついた調教コース。何度も駆け上がることが鍛錬になる。馬場材にウッドチップが使用されており、脚にかかる負担が少ない

注87【戸山為夫】騎手としてJRA通算122勝。1964年調教師に転身し695勝。ほかのおもな管理馬にタニノハローモア(68年ダービー)、レガシーワールド(戸山死去後の93年ジャパンカップ)

注88【ミホノブルボン】8戦7勝。1991年の朝日杯3歳ステークス、翌92年の皐月賞とダービーを無敗で制し三冠制覇に挑むも、菊花賞でライスシャワー(93・95年天皇賞・春)に阻止された(2着)。その後脚部不安を発症し、復帰を目指したがケガが続き、引退を余儀なくされた

〝栗東留学〟の背景

調教師免許は1年ごとの更新だが、私の所属は美浦と決まっていて、栗東に拠点を移すことは不可能だ。

ならば、昔は関東から関西への直前輸送はなく、いったん栗東に入る「滞在競馬」で勝っていたのだから、それをもう一度やってみよう——というのが、私の〝栗東留学〟のはじまりだ。

2002年の阪神ジュベナイルフィリーズの際、早めにソルティビッド（アパパネの母）を栗東に連れて行ったのが、最初のテストケース。その後、2007年の桜花賞で大敗（14着）したピンクカメオを〝栗東留学〟させたところ、次走のNHKマイルカップで一変、17番人気から勝利したことで、その効果に注目が集まった。経験の浅い2〜3歳馬や、輸送を苦手とする馬の輸送リスクを回避するという狙いだけではなく、坂路調教を行うことによって馬の持つ能力やポテンシャルを最大限まで引き出せるというメリットがあったからだ。

また〝栗東留学〟後、すぐに結果が出なくても、長い目で見て、その後に繋がる効果に期待ができる、という点でも話題を呼んだ。ただし、本番で馬に疲れが出てしまっては元も子もないので、そのあたりの見極めが肝心だ。

２００９年のマイネルキッツの天皇賞・春の制覇や、２０１０年から始まったアパパネの大活躍も、〝留学効果〟の裏付けとなった。

格差が格差を生み出す実態

東西格差を巡っては２０１８年、ＪＲＡが美浦トレセンの大規模改修計画を発表している。２０２２～２３年までに美浦の坂路コースの高低差を栗東並みにする予定ではあるが、私にしてみれば「遅きに失した」というほかない。

じつは今から13年前の２００６年、私はＪＲＡに対して次頁以降のようなレポートを提出していた。これまで述べてきたことと重複する部分もあるが、紹介したい（誤解を防ぐために一部削除・表現変更したり、言葉を補ったりしているが、数字は筆者による注を除き、２００６年当時のままとした）。東西格差は、もはや格差が格差を生み出す複合的な問題にまで発展しており、単に坂路コースを改善したからといって一朝一夕には解決しそうもない実態が、ご理解いただけると思う。

現在のＪＲＡの競馬において最も懸念される問題の一つは、競走成績の東西格差である。その格差は１９８８年から西の成績が東より優勢になり、その後今日に至るまで続いている。１年間において勝利数では約３００、賞金では約１１０億〜１２０億円、西のほうが東より稼いでいる（筆者注・格差はその後拡大し、２０１８年12月28日終了時点で勝利数は６０１、賞金は１８４億円もの開きがある）。まずその原因を探ってみたい。

・調教師の免許はＪＲＡが東西同じ試験を行い、合格した同じレベルの者に与えている。
・競走馬は同じサラブレッドとしてほとんどの馬が日本で生まれ、トレセンの外ではほぼ同じ外厩で同じように育成されている。

以上の条件は東西互角である。

新馬が育成場からトレセンに入って、競走馬としてレースに出走する。すると時間が経つほどに成績に格差が生じてくる。

つまり、次の2点のような、東西トレセンに何らかの原因（格差）があると考えられる。

①基本的な条件（JRAが提供している条件）の問題なのか？
②トレセンを利用している厩舎サイドの問題なのか？

②の問題が原因とすると、1987年までは東のほうが西より優勢であったということから、1988年以降、東の厩舎サイドの仕事の仕方が悪くなったか、西の仕事の仕方がよくなったかである。

ここで、これまでの中央競馬の流れを振り返ってみたい。

1969年に栗東トレセン、1978年に美浦トレセンが開場した。その後、の変化は次の通りだ。

①売り上げが伸びるとともに、賞金、出走頭数が増加した。

②1987年までは、東のほうが西よりも成績がよかった。
③栗東に1985年に坂路ができた3年後（1988年）から、西の成績が東よりもよくなった。
④1992年に696勝の差があった東西の成績が、1993年に美浦に坂路ができた4年後、339勝の差に縮まった。その後はほぼ、300勝の差で推移したのち、再び拡大した。

なぜそうなってしまったのか。競馬の何が変わったのか。

まず考えなければならないのは、中央競馬のしくみ（枠組み）が、昔と現在では大きく変わってしまったということである。東西の交流がなかった昔のしくみ（枠組み）の中では、昔の中身（競馬番組など）はバランスがとれ、十分にうまく機能していた。

しかし、現在はしくみが変わってしまった（東西の垣根がなくなり一元化された）のに、中身（特に競馬番組）が以前と同じであれば、当然何らかのひずみが生じてくる。そのひずみが形として表われたのが、東西の成績の格差（西高東低）なのである。

まとめると次のようである。

①競馬を取り巻く環境（情勢）に変化が生じてきた。
②東西同等であった条件に格差が生じた。
③条件の格差は成績の格差となった。
④東西の獲得賞金の格差が生じた。
⑤成績の差、獲得賞金の差が、次世代の入厩馬の質の差となった。

②の東西トレセンの条件の格差とは、要約すると、下記の通りである。

A 立地や条件の違い
1 開催場へのアクセスの違い。
2 レース選択の幅の違い。
B 調教施設の違い：安全で効果的な追い切りのできる馬場の違い

1 坂路馬場の大きさの違い。
2 ウッドコースの本数、大きさの違い。

右記の原因を詳しく説明すると、こうなる。

■Aについて

①競馬の人気が出て売り上げが伸び、賞金が増えたため、馬主数、競走馬数が増加した。輸送事情もよくなり、それまでの滞在競馬から輸送競馬へと変わった。それにより美浦、栗東の立地面での影響が非常に大きくなった。輸送の影響は8時間まではそれほどではないが、それ以上では大きくなる。西は北海道以外、どこへもほぼ8時間以内で行ける。

②競馬場へのアクセスに大きな違いが生じると、当然のごとく選べるレースの幅に格差が生じた。レースの選択の幅が圧倒的に西のほうがある。

③かつての競馬は東西交流も薄く、東は東、西は西で競馬をやっていればよかった。競馬開催、競馬番組もそれをもとにつくられていた。しかし今は、すべ

ての条件の馬が東西で競うようになってきた。東西トレセンを拠点とする東西対抗の競馬では規制緩和、自由化が進めば進むほど、条件（特に立地条件）のいいほうが有利となる。２００６年から始まった夏の短距離、中距離レースのシリーズ化、ボーナス制度などは、関西馬が圧倒的に有利である。今までの実績を見ても、関東馬が小倉に出張する頭数は非常に少なく、しかも高条件の馬はほとんどいない。

そして、その成績は全く評価に値しないものである。これは、関東馬の夏の時期における小倉までの遠征が高いリスクを持ち、しかも割に合わないからである。その条件が同じのままで新たにこのシリーズが始まれば、当然のごとく関西馬が有利である。

また、現在の出走馬選出の方法を見てみると、いろいろな優先権（除外、前走成績など）を持った馬はどこでも走れるということになり、競馬場、レースの選択肢の多い関西のほうが有利となってくる。

■Bについて

④施設面での格差、特に坂路コース（安全で効果的な追い切りのできるコース）の差は歴然としている。また、ウッドコースは美浦1600m1本に対して、栗東は1800mと2000mの2本ある。

■全般について

⑤長年の西高東低の流れにより、東西の同条件のレースそのもののレベルに差が生じてきている。つまり、西のレースにおける馬のレベルは、東の同条件のレースにおける馬のレベルよりも上なのである。実際、関東に遠征してくる関西馬の成績は、関西に遠征する関東馬の成績をはるかに凌いでいる。相撲に例えるなら東西の横綱、大関、関脇などの同条件のレベルに、明らかな差が生じてきているのである。今のクラス分けは東西の馬の実力が拮抗していた時に、それを前提になされている。今の状況であるならば、レースの区分を全馬のレーティングにより行うのが妥当であるのでは？

⑥関東馬の現在の状況としては、まず厩舎になかなか入れない↓レースの選択

の幅が狭い→実力があっても抽選による除外でなかなか出走できない→勝ち上がらない、勝ち上がりが遅い→下級条件馬が滞る→次世代の入厩が遅れる。高級条件馬が下級条件馬に馬房を占領され在厩できない、となっている。

⑦このように、競馬のしくみ（枠組み）が変化したのであれば、それに応じて中身（開催や競馬番組）を変えないと中央競馬全体がバランスのとれた、おもしろい中身のある競馬を演出できない。

⑧いろいろな東西の条件の差が見られない、北海道（札幌・函館）の競馬では、それほど成績の差は生じていない。つまり、滞在競馬（競馬場に滞在して調教し、そこにいる馬だけで競走をしている）では、東西は拮抗できるのである。これは、東西トレセンを利用した輸送競馬では、その立地条件によって成績が大きく影響されていることを表しているのでは？

西高東低の影響は、厩舎を外から支える人たちにもおよんでいて、当然のごとく条件の良いほうへと流れていっている。

馬主　成績の上がるほう（栗東）に入れたい。獲得した賞金は次世代の資金に。クラブ法人馬主は会員の投資に応えなければならない。
生産者　生産馬の価値を上げるために、勝てるほう（栗東）に入れたい。
騎手　勝つ見込みの高いほう（栗東の馬）に騎乗したい。

多くの人々は関西の良い面を挙げて強い根拠にし、関東の悪い面を挙げて負ける根拠とする。勝てば官軍、負ければ賊軍。今必要なのはまず勝つこと、結果を出すこと。そのためには、効果の現れる対策を早急に打つことである。

ＪＲＡに要望したいのは、次の点である。

基礎条件の東西同一化
①選べるレースの数、条件を東西同一にする。特に小倉、中京に関しては、圧倒的に東が不利なので、何らかの方法で改善すべき。
②調教施設の条件を同一にする。

これらの要望は、「東が西よりも良いものを」といっているわけではなく、西と同条件にしてもらいたいというものだ。JRAが東西トレセンを調教基地とし、東西拮抗して競馬を行おうとするのなら、むしろこれは競馬主催者として当然行わなければならないことである。東西が拮抗してより充実したレースをファンに提供することが最大のファンサービスであり、売り上げの増加にもつながる。競馬の売り上げは関東のほうが関西よりも多いのである。

もし、今の中央競馬において東も西もない、というのであれば、調教師は美浦、栗東のどちらかに所属を限定する必要はないのではないか？　実際に騎手はフリー化が進み、東西、中央・地方、国内外を問わず、自由な活躍ができている。馬主も東西どちらも選べる。現状では、栗東所属のほうが圧倒的に美浦所属よりも有利である。これを解決するためには、次のようなことが考えられる。

①すべての調教師に美浦、栗東それぞれに同数の馬房を与える。A調教師の美浦厩舎、栗東厩舎である。従業員はそれぞれの地域に働き、馬だけが移動するのである。たとえば小倉に出走予定の馬は栗東に集めておく。福島に出走予定

の馬は美浦に集めておく。そうすれば、出走頭数も増え経費もかからない。また桜花賞の出走予定馬は栗東、などというふうに各調教師が自由に馬房を使えば良いのであり、東だの西だのという所属による有利不利もなくなるのでは？

②成績により栗東＝一軍、美浦＝二軍というように、条件の良いトレセンを優位に扱い、成績による所属を決定しては？

③美浦の存在価値が栗東の存在価値より劣るのであれば、栗東トレセンの拡大、または第二栗東トレセンを造り、すべての施設、人、馬を栗東に集めては？

④美浦を生かすには、あまり利用されていない北馬場に競走用の芝、ダートコースを造り、美浦で下級条件のレースを開催しては？　ローカルで賞金の少ない下級条件のレースを輸送等の経費をかけて行うよりも、一種の能力検定的な選抜レースを行えば良いのでは？

⑤美浦からの競馬場へのアクセスが悪く、レースの選択幅が栗東よりも狭い。特に小倉開催においては美浦からのメリットはまったくない。ならば小倉は栗東の馬専用とし、新潟を関東の馬専用とすることを検討しては？

⑥ＪＲＡが内厩制を行っていくのなら、第一の条件としてすべての馬房、すべ

ての調教師に平等の条件を提示すべきでは？

ＪＲＡの認識はどうなのだろう？

①現在の東西の条件格差、成績格差をどう捉えているのか？
②その原因は何だと考えているのか？
③格差の影響についてどう考えているのか？
④改善するための方法は？

現在の西高東低に対するいろいろな意見、原因はあるが、物事を判断するにはある一定の期間の、ある一定の量のデータをもとに客観的に見ることが必要だと思われる。特定の例を取り上げ指摘しても、全体の正確な判断とはならない。さまざまな原因を一緒に取り上げるのではなく、最も重要なものから順次対処していくべきである。さもなければ問題の解決は遅々として進まないだろう。

また、厩舎サイドの問題を絡めての意見もあるが、厩舎サイドの問題は厩舎サイドで改善していくべきであろう。

レポートの紹介は以上となる。

ＪＲＡが今後も東西トレセンで内厩制を継続し、東西の競走馬の能力の拮抗した、白熱したレースをファンに提供し、売り上げを伸ばそうというのであれば、現在の西高東低の状態を改善する必要があるだろう。

そもそも競馬成績の東西格差（西高東低）は、主催するＪＲＡ自体の問題であり、ＪＲＡの運営の失敗を表している。それを長きにわたって放置・容認にしているＪＲＡは、経営責任を調教師に押し付けているに過ぎない。だからこそ、一刻も早い東西の条件格差の是正が求められるわけだ。

続く最終章では、東西格差と並ぶもうひとつの大きな課題——除外馬の多さについて提議したい。

第6章　日本競馬への危惧

このままではダメになる

日本競馬の発祥を遡れば、江戸末期、横浜や神戸の外国人居留地で行われたものにたどり着く。日本のサラブレッドの歴史に関していうと、〝富国強馬〟の名のもと、北海道・浦河において強くて速い軍馬の生産・育成を目指したことが、その端緒とされる。やがて、1923年の競馬法制定、37年の日本競馬会の発足と解散、終戦直後の国営競馬、そして54年からの再興（JRAの発足）と、時代の波に翻弄されつつも、関係者による懸命の努力によって、日本はサラブレッド文化を育んできた。そして、ノーザンテースト[注89]やサンデーサイレンス[注67]、ブライアンズタイム[注90]、トニービン[注91]といった外国種牡馬の導入が数多《あまた》のスターホースの出現へとつながり、現在の著しい進化の礎となった。

もちろん、いまの競馬業界を支えているのは、間違いなく、2兆8000億円もの売り上げに貢献してくれているファンに他ならない。JRAが掲げる経営の基本方針にも「お客様とともに」という姿勢が、最初に打ち出されている。

だからこそ、これからも競馬がファンに愛され続けるためにはどうすればいいか

――私たちが常々考え続けるのも至極当然で、「他では見ることのできない、質の高いレース」を提供していくことに尽きる、というのが、私の答えだ。

しかし、その実現を目指すべき日本競馬に対して、私はいま、大きな危機感を覚えている。「このままでは近い将来、ダメになってしまうのではないか」と。

その理由は――前章の東西格差とともに、放置されたままとなっている――除外馬の多さにある。


注89【ノーザンテースト】20戦5勝。フランスで現役時代を過ごした後、種牡馬として日本に輸入されてきた。おもな産駒にアンバーシャダイ(1981年有馬記念、83年天皇賞・春)、ダイナカール(83年オークス)、ギャロップダイナ(85年天皇賞・秋、86年安田記念)、ダイナガリバー(86年ダービー、有馬記念)、マチカネタンホイザ(95年高松宮杯)など

注90【ブライアンズタイム】21戦5勝。引退後、アメリカから種牡馬として日本に輸入された。おもな産駒に1994年に日本競馬史上5頭目のクラシック三冠を達成したナリタブライアン(他に93年朝日杯3歳ステークス、94年有馬記念)、マヤノトップガン(95年菊花賞、有馬記念、96年宝塚記念、97年天皇賞・春)、サニーブライアン(97年皐月賞、ダービー)、シルクジャスティス(97年有馬記念)、タニノギムレット(2002年ダービー)など

注91【トニービン】27戦15勝。1988年に凱旋門賞を制し、引退後にイタリアから種牡馬として日本に輸入。おもな産駒にベガ(93年桜花賞、オークス)、ウイニングチケット(93年ダービー)、サクラチトセオー(95年天皇賞・秋)、エアグルーヴ(96年オークス、97年天皇賞・秋)、オフサイドトラップ(98年天皇賞・秋)、ジャングルポケット(2001年ダービー、ジャパンカップ)など

除外馬問題

現状は基本的に、ＪＲＡの行うゲート試験に合格した出走希望馬は全て受け入れるオールカマーで、出走可能枠を超えたら、まず抽選ということになる。ところが、これが実力主義とは言い難い。力はあるのに、「運がない」という理由だけで除外される現状では、本当の意味でレースの〝品質保証〟がなされているとはいえない。本来なら抽選は出走優先順位を決める、最後の手段であるべきだろう。

想像してもらいたい。メジャーリーグの大谷翔平選手の場合、故障や不調などを理由に欠場することはあっても、実力が抜きんでていて絶好調なのに、抽選に外れて試合に出られない、ということはまず起こらない。

ところが競馬では、それが起こっている。

抽選によって、時にＧⅠ馬やＧⅠを勝つ力のある馬が除外される。のちにオークスを勝つ馬が桜花賞で除外されたり、私の厩舎のダノンプラチナがそうだったが、２歳ＧⅠ（朝日杯フューチュリティステークス）を１番人気で勝つ馬が、抽選によって除外されたりする可能性がある。

そもそも、なぜ除外馬が頻出するのか。JRAのレースの開催規模が決まっている以上、それに参加できる競走馬の数は自ずと決まってくる。年間の開催日数はのべ288日で、1日のレース数は12。つまり、年間の総レース数は約3450。それぞれの出走可能頭数（フルゲート）は14〜18頭なので、年間ののべ出走可能頭数はおおよそ5万頭となる。

開催規模はほぼ一定のため、のべ出走可能頭数＝5万頭は過去も現在もほぼ同じなので、まずは、馬券の年間売上が最高の4兆円を記録した、1997年の数字を見てみよう。この年の出走実頭数は約7600頭で、1頭あたりの出走回数は、のべ出走可能頭数5万頭を出走実頭数7600で割った約6・58となる。

一方、2018年の出走実頭数は約1万1400頭なので、1頭あたりの出走回数は約4・39である。

つまり、この20年間で、出走実頭数は1万1400−7600＝3800頭も増加するとともに、20年前は1頭あたり年平均約6・6走できたのが、今は年平均4・4走しかできないことになる。

また、この除外馬問題は、JRAを会社、馬を従業員に置き換えて考えてみると、ファンのみなさんにとってはわかりやすいかもしれない。

先ほども指摘したように、JRAは1997年、7600頭で4兆円を売り上げている。1頭あたりの売り上げは5億2600万円だ。

これに対し、2018年には1万1400頭で2兆8000億円の売り上げなので、1頭あたりの売り上げは2億4600万円となる。

従業員数が1・5倍に増えたのに、売り上げが70％に落ち込んでいるのはなぜか？

各従業員の売り上げが47％に落ち込んでいるのはなぜか？

普通の会社ならば経営責任を問われ、抜本的な経営戦略の見直しが迫られる事態である。

中央競馬と地方競馬のひずみ

では、1997年よりも増えた出走実頭数＝3800頭はどこから来たのか。この3800頭は本来、中央競馬にはいなかった馬——つまり、地方競馬の競走資源であったはずだ。中央競馬に競走馬が集中すれば、自然と地方競馬の資源（競走馬）が減少し、質が低下する。要するに、中央は過剰在庫を抱えているのに、地方は品薄状態というわけだ。トータルで見れば、競走馬のサイクルに明らかなひずみが生じており、決して健全な状況とはいえないだろう。

これは、ＪＲＡが中央競馬の出走実頭数の過剰・過多をコントロールできていないことに起因する。それに伴い、本来、そのレベルに達していない馬が中央競馬に在籍しているため、本質的な意味で〝ホースファースト〟とはほど遠い事態を招いている。

弊害はほかにもある。

入厩してくる馬が過剰になれば、当然、いくら能力が高くても抽選によって除外される馬が多くなり、質の高いレースの提供にも支障をきたす。中央競馬のレベルに達していない馬が出走する〝玉石混淆〟な状況になるからだ。

はたして、これらの問題を解消する方法はあるのか。

各種手当の見直しと信賞必罰の徹底

もちろん、ある。

まず、基本的に中央競馬に馬を迎え入れる姿勢は、オールカマーでいいと思う。チャレンジしたい馬はどうぞ、と。ただし、中央に馬を入れる場合、提供者、つまり馬主さんには〝リスク〟を取っていただくことになる。

まず、登録料（ステークスマネー）を上げ、まんべんなく提供される手当類＝特別出走手当、競走馬事故見舞金、抹消給付金等を、適正な方向に見直す。これまで中央への入厩希望が多かったのは、各種手当等が充実しているからだ。ＪＲＡが本気で「強い馬づくり」を目指しているならば、強くない馬にも同じように各種手当等を支給している現状は、問題ではないだろうか。その一例として、競走馬事故見舞金制度を挙げたい。

かねてＪＲＡは、事故防止委員会をつくって競走馬の事故を減らす方針を示し、多方面における研究・調査によって事故を防止しようとしてきた。

その一方で、競走馬の福祉が問われている昨今、馬が故障すればお金がもらえるというこの競走馬事故見舞金制度について、みなさんは違和感を覚えないだろうか。

なぜなら、競走馬が事故やケガをすればその所有者にお金が入るのに、無事で何事もなければ特に何もないからだ。事故や故障を防ぐことが目的ならば、むしろそれを達成できなかった者にペナルティを科すというのが、本来の筋だと考える。人馬の安全、公正なレースのために、いかに事故を減らすかが問われている時代の流れに逆らうかのような今の制度には、問題がある。

この競走馬事故見舞金制度は一刻も早く見直し、その分のお金は、引退した馬のリトレーニング（乗馬としての再調教）や穏やかに過ごせる養老牧場の運営等のための資金として活用したほうが、有意義だろう。


話を戻すと、除外馬を減らすためには、中央に在籍する全馬にレーティングなりランキングなりをつけて、出走の優先順位を決めるという手段が有効だ。新馬の場合は、基準タイムを設けてそこに達しない馬は出走できないという、地方競馬の能力検査のような制度を導入し、抽選は最後の手段とすべきだ。

ちなみに香港競馬の場合、強くない馬は入ってこられないシステムがすでに構築されている。しかも、規定の勝利数に満たない騎手や調教師・厩舎は引退・解散を余儀なくされるというように、信賞必罰もはっきりしている。質の良い馬とそれを管理する質の良い厩舎、質の良い騎手による質の高いレースを提供していれば、発展するのも当然といえる。

いずれにしても、優勝劣敗の世界である以上、「強い馬」の実現と徹底、ファンに喜んでもらうためにも、除外馬を減らすための改善は欠かせない。

レースの品質保証に必要なこと

そもそも中央競馬の主催者はＪＲＡであり、ＪＲＡが競馬ファンと直接向き合っている。競馬＝レースという商品をファンに提供し、お客様であるファンがお金をその商品に賭けて楽しんでいる以上、競馬開催における責任と権限を有するＪＲＡがまず考えなければいけないのは、いかにしてファンに納得してもらえる商品を提供するか、という点だろう。

ここで大切になるのが、商品＝レースの品質保証である。

そのためには、まず、商品の素材としての優秀な競走馬と、優秀な騎手が必要となる。優秀な競走馬を揃えるためには、それを提供する馬主、生産者に加え、それらを管理する調教師も必要である。だからこそ、ＪＲＡは厳しい審査基準を設け試験を課したうえで、資格や免許を与えている（さらにいえば、競走馬はゲート試験をクリアしないとレースには出走できない）。

つまりＪＲＡは、人や馬に対する徹底的な管理をもって商品の品質保証を図ろうとしているはずなのに、なぜ、東西格差だけでなく、除外馬といったレースの品質保証の根幹に関わる重大な部分の改善には及び腰なのか。

大相撲にしろ、プロゴルフにしろ、メジャーリーグにしろ、その競技のレベルを維持するために、各主催者は開催規模をあらかじめ定めている。ゴルフのトーナメントであれば参加資格が決められ、予選を経て決勝ラウンドとなる。算定の基礎となるのは、主催者が定めたランキングである。

翻って現在の中央競馬の頭数は多いのだから、他のスポーツと同様、主催者であるJRAがボーダーラインを設定して参加できる馬を選別すべきなのは明らかだろう。能力の劣る馬、衰えた馬は淘汰されるべきであり、優秀な馬がよりよい状態で能力を発揮できる環境づくりを急ぐべきだ。その方針をファンや競馬業界の人々に明確に示し、着実に実行することが、お金を払ってくださるファンに対する誠意というものだ。

もちろん、レースの品質保証を実現するために、競馬関係者に何らかのリスクやデメリットが生じるとしても、それがJRAの方針ならば、従わなければならない。いまの日本競馬界に必要なのは、その覚悟ではないだろうか。

厩舎にも働き方改革が必要

馬にも人にも適材適所があり、私はそれぞれの状況によってスタッフの采配に気を使っている。気性の激しい馬に体力のない者は充てられないし、双方が気性的にぶつかってしまうケースも危険だったりする。みんなが同じ能力で同じだけできれば別だが、馬にあたりのいい者もいれば、そうでない者もいる。そのあたりを見極めつつ、馬主さんの意向もあるので、すべてをスタッフの希望通りにしてあげることはできないが、できる限り納得してもらえる環境づくりを心掛けている。

しかし、今やＪＲＡの中でも東西の棲み分けが緩和され、中央・地方の協調も進み、海外の競馬サーキットの一員としても名を連ねる存在にもなった。こうした競馬を取り巻く環境の変化に対応し、馬主さんやファンのみなさんのニーズに応えるためにも、旧態依然とした働き方を含む日本の競馬サークル体制の変革が強く求められる。

つまり、ＪＲＡに認められなければ何もできず、業界内の古くからの慣例にとらわれ、自由な厩舎経営・競争がしづらい状況を、打破する必要がある。

その一歩として、現在トレセン内にあるさまざまな規制を緩和し、各厩舎・調教師の裁量に任せたり権限を与えたりしてはどうか（その代わり、調教師の責任を重大にする）。たとえば、競馬界は月曜が完全休業日だが、当然のことながら、馬には飼葉を与えなければならない。そこは当番制で補えるが、馬を厩舎から一歩も出さずに完全休養させていれば、シーズンによっては、馬が「張ってしまう」ことがある。冬場の、馬が元気な時期にはたった1日の運動不足でも、休み明けの火曜に各厩舎が一斉に馬を出せば、大暴れをしてしまうケースもあるのだ。

しかし、休みの日にも運動ができるようになれば、そういったトラブルを軽減できるはずだ。

だからといって、そういった競馬界全体のためになるようなことであっても、スタッフの休日にそれを促すことはできない。

もちろん、私は過度な就労環境を強要するつもりはない。あくまでもローテーションを組むなどして、スタッフとはうまくやりながら、重賞勝利などの結果を残すことを目指している。それこそが馬やスタッフを守るための最善の方法であり、調教師の大きな役割でもあると考えているからだ。

ＪＲＡは、ストライキを行う権利を持っている労働組合に弱い。とにかくストだけは防ぎたい。もちろん、ファンの期待を裏切るのは私の本意ではないからこそ、ＪＲＡの気持ちはよくわかる。

近年では１９９９年４月、厩務員春闘の結果、中山、阪神、中京の開催が中止になったのが、競馬界におけるストの最後だ。２００７年４月にも、勤続年数手当をめぐって交渉が難航している。この時期は例年、クラシック三冠の一角、皐月賞の時期が重なるので、ＪＲＡとしてはどうしてもストを避けたいと考えるのも当然だろう。

だからこそ、旧来型の考え方や慣習にとらわれることなく、もっと自由な働き方ができたり、もっと自由に厩舎を運営したりすることができるよう、変えていく必要があるはずだ。

ゲートボーイの導入を

アーモンドアイを競馬場の馬場に出す時は非常に気を使う。ほぼ毎回といっていいほど、うるさくなるからだ。姿を現すとスタンドにいる観客が一斉に歓声を上げるから、馬が興奮してしまうのも無理はない。少しでもなだめる時間がほしいので、２０

19年の安田記念の時も先出しをした。

ゲート内でも、よくチャカつく（落ち着きがない）。しかし、日本の競馬では、馬がゲートに入ってしまえばもう一切、騎手以外の人間が手を貸すことは不可能だ。ゲートからゴールまでは騎手が馬を導くものと決められている。

一方、海外競馬には、うるさい馬をなだめながらスムーズな発馬を手助けする「ゲートボーイ」という存在がいる。全頭につくわけではないが、ドバイターフのゲート内でゲートボーイに首を撫でられていたアーモンドアイは、いつもよりも落ち着いていた。

これは〝目線の高さ〟が影響している。馬には、ゲートの上に上がった係員（ゲートボーイ）から手を差しのべられると従順になる習性がある。もちろんやさしく接することが前提となるが、暴れないようになだめれば、馬は安心してじっとしている。

しかし、日本のゲートは本番では誰も人がつかない。練習では人がついて馴致しているのに、本番では誰もいないから、興奮して暴れる馬もいる。

地方競馬では、ゲート内で駐立させるための尾持ちをゲート裏からやることで、スムーズな発馬を促している（調教師の申請を受けて、発走委員が許可を出せば、調教師、厩務員、発走係が行うことは可能）が、ＪＲＡでは整馬係が馬の尻尾を持つことさえ禁じている。ゲートの中は競走の一部だと考えていて、競走に第三者が介在することは公正競馬の観点から好ましくない、というのがＪＲＡの見解だ。

タカラテンリュウとラガーレグルスの教訓

ＪＲＡは人員確保、危険回避の面からもゲートボーイの導入には否定的だが、ここまで頑なのには、理由がある。

タカラテンリュウ事件をご存じだろうか。

タカラテンリュウは、１９８３年の毎日王冠（東京競馬場・当時は２０００ｍ）を勝つほどの実力馬だったが、ゲートが開いても出ていかないことがあるほど、気性が悪かった。そこでＪＲＡ側が、いわゆる電気ショックを使って発馬させたことがあった。それを知ったメディアに「特定の馬にそんなことをしているのは、公正競馬上問題がある」と報じられたことが、ＪＲＡのトラウマになっているのだ。

一方で、ゲートの話題を巡っては、もう１頭、触れなければいけない馬がいる。

慢性的なゲート出遅れ癖を持っていた、２０００年のクラシックレースの有力馬・ラガーレグルスだ。３番人気で迎えた皐月賞――ラガーレグルスはスタートの直前、ゲート内で騎手を振り落とし、ゲートから一歩も出ることなく競走中止となってしまう。同馬がらみの馬券約60億円が一瞬にして紙くずと化した瞬間だった。

〝見せしめ〟のためか、ダービーが行われる1週間前、東京競馬場の観客がいるスタンド前でゲート試験が行われたのだが、それが本当にかわいそうで……。傘で柵を叩いたりヤジを飛ばすなど、悪乗りした観客がいたため、繊細なラガーレグルスは精神状態をおかしくしてしまった。いくらダービーがスタンド前からスタートするからといって、何も観客前でやる必要もないだろうとこの時は思った。

結局、ゲート試験に落ちたラガーレグルスは、ダービーに出走することができなかった。放牧に出され再起を目指したが故障したこともあり、二度とターフに戻ってくることはなかった。末脚は一級品、ゲートさえ出ればダービーでも見どころはあったはずで、こうした悲劇を繰り返さないためにも、私は日本にもゲートボーイ制度を導入すべきだと思っている。

人間同様、馬にもいろいろなタイプがいる。年齢的にいえば、小学生、中学生くらいのヤンチャ坊主やおてんば娘を抑え込んで、「よーいどん」をするのだから、さまざまな事が起こっても不思議ではない。日本の競馬はゲート入れにいつまでも時間をかけていて、なかなか入らないと、鞭で追ったりする。ゲート裏で叩かれたら、ますますゲートを嫌ってしまうというのが動物の性なのに。

外国ではゲートボーイ、地方では尾持ちといった補助的手段を取り入れているのだから、中央でも何らかの対策を導入すべき時期が来ているのではないか。

ちなみに、日本でゲートを最初に導入したのは中央競馬ではなかった。１９５３年、大井競馬場をはじめとする南関東の競馬場のほうが早く、中央に導入されたのはそれから7年も後のことだった。ゲートだけでなく、三連単馬券の発売も南関東のほうが早かったように、どうもＪＲＡは何事も南関東より腰が重くて改革が遅い。もし南関東が先にゲートボーイを始めたら、ＪＲＡにも導入されるかもしれない。

優秀な人材確保のために

競馬界に限らず、どの業界にも共通することだが、今後日本の人口減少がますます進んでいく以上、競馬のさらなる活性化のためにも、優秀な労働力の確保と人材の多様化は欠かせない。従来の慣習にこだわり、いつまでも排他的なムラ社会に籠っていたら、競馬業界全体が埋没し、ジリ貧になってしまうのは目に見えている。

その点、外国人騎手への開放は進んでいる。1994年に短期騎手免許制度が始まると、世界中から名手と称される騎手たちが続々と来日。1990年代後半から2000年代前半にかけては、マイケル・ロバーツ騎手[注92]、ランフランコ・デットーリ騎手[注10]、オリビエ・ペリエ騎手[注93]、クリストフ・スミヨン騎手[注85]らが数々のビッグレースを制してきた。2015年になってクリストフ・ルメール騎手[注8]とミルコ・デムーロ騎手[注94]が通年騎手免許を取得すると、二人はリーディングジョッキーの上位をキープ。ダミアン・レーン騎手[注95]は2019年の短期騎手免許取得早々、ヴィクトリアマイル、宝塚記

注92【マイケル・ロバーツ】南アフリカ出身。短期免許を取得した外国人騎手としてはじめてGI（1998年朝日杯3歳ステークス・アドマイヤコジーン）を制した

注93【オリビエ・ペリエ】フランス出身。エリシオ（1996年）、パントレセレブル（97年）、サガミックス（98年）、ソレミア（2012年）で、3連覇を含む計4度の凱旋門賞優勝経験がある名手。おもな騎乗馬にノボトゥルー（01年フェブラリーステークス）、シンボリクリスエス（02年天皇賞・秋、02～03年有馬記念）、ゼンノロブロイ（04年天皇賞・秋、ジャパンカップ、有馬記念）、ハットトリック（05年マイルチャンピオンシップ、香港マイル）など

注94【ミルコ・デムーロ】イタリア出身。JRA通算1000勝（2019年9月16日時点）。おもな騎乗馬にアドマイヤマーズ（19年NHKマイルカップ、18年朝日杯フューチュリティステークス）、ラヴズオンリーユー（19年オークス）、スワーヴリチャード（18年大阪杯）、ドゥラメンテ（15年皐月賞、ダービー）、ネオユニヴァース（03年皐月賞、ダービー）など

注95【ダミアン・レーン】オーストラリア出身。おもな騎乗馬にノームコア（2019年ヴィクトリアマイル）、リスグラシュー（19年宝塚記念）。オメガパフュームで19年帝王賞（大井競馬場・ダート2000m）も制した

念を含む重賞6勝を挙げて旋風を巻き起こすなど、外国人騎手の存在はすっかり日本の競馬に定着したといっていい。

2009年からは外国人馬主も容認された。コンプライアンスやマネーロンダリング等の観点から国内に籍を置く法人か代表者に限られ、内国産馬の所有頭数などの制約は厳しいが、かろうじて公平な措置だと思う。

だが外国人調教師となると、確かに門戸は開かれてはいるが、未だ試験合格→厩舎開業には至っていない。フランスで平地競走の調教師になるには奨励協会に申請して許可を受ければ良く、日本のような難しい試験はない。馬場は協会の施設を使用でき、厩舎は自前で用意するか借り受ければ済む。競争社会である以上、日本の調教師も外に向けてもっとチャンスを広げるべきだろう。

調教師に与えられる馬房数に限りがあるというなら、成績の悪い調教師の馬房を減らせばいい。優勝劣敗の観点からすれば、調教師も自由競争なのだから、いつまでも既得権にぶら下がってはいられない。私たち自身に身を切る覚悟がないと、改革なんてできないだろう。

外国人というとどうしても騎手の話題ばかりになってしまいがちだが、調教師も騎手同様、競争にさらされて然るべきだと思う。

世界標準にならった技術と単位

人材の多様性という意味では、競馬に関するあらゆる業務の専門性を高めていくことも求められる。アメリカでは獣医が細分化しており、輸送時専門の獣医、調教時の獣医、レースとその後のケアの獣医と多岐に及ぶ。

日本の外厩などでは、新馬の奥歯の矯正に外国人スタッフが当たっているケースもある。それにより、以前とは違って馬銜《はみ》受けが良くなり、スムーズな競走が可能になっている。

最新のデジタル技術の導入という点についても、他のスポーツ同様、日本の競馬ももっと活用すべきだろう。ドバイターフでアーモンドアイの追い切りの際、ルメール騎手のヘルメットに装着したオンボードカメラによる映像が、ネット上で話題になった。ぜひ一度見ていただければと思うが、騎手目線で風を切る音や馬の息遣いが感じられる、臨場感あふれる動画は、エンターテインメントとして十分成り立つ。ファンに楽しんでもらうためにも、各馬にオンボードカメラが装着される日も近いのかもしれない。

裁定をより正確に、より公平に、より早く、という意味でも、最新技術の導入は欠かせない。「競走の意志のない者への裁定」にしても、騎手が無気力で競馬をしていたのか、やむをえず競馬を控えたのかについて、右のオンボードカメラの動画やドローンを駆使した全方位からのビデオチェックを行えば、細かい判断と裁定が可能になるはずだ。

また、これは日本に限らず世界的な問題となるが、競馬を世界的規模のスポーツとして実施する場合、表記する数字の単位は揃えた方がいいと思う。たとえばアメリカのクラシック三冠の一角で、最大の注目と人気を集めるケンタッキーダービーの距離は10ハロンだ。10ハロン＝1マイル4分の1であり、メートルに換算すると厳密に言えば2011・68メートルとなるのだが、煩《わずら》わしく感じる人も多いのではないだろうか。騎手の斤量もキロなのかポンドなのか……。走破時計表示も全然違う。海外ではふたハロンごとで、日本はひとハロンごとだ。

それぞれで主催者が別なので世界統一となると難しいのかもしれないが、少なくとも揃えられる所は統一して欲しい。世界基準の方が参戦する側も考察しやすい。

すばらしいレースを見せるために

以上に限らず、日本競馬を改善するための方法はまだまだあるだろう。

だが、最終的に決めるのは中央競馬の主催者であるＪＲＡだ。日本の競馬をこれからどこに向かわせたいのか、きちんとした指針やビジョンを提示する必要がある。はたして本気で凱旋門賞を勝ちたいと思っているのか。もっと主体性をもって、方向性を示すべきだろう。まもなく東京オリンピックが開催されるというのに、期間中の競馬開催について、未だ正式なアナウンスがないというところにも、主体性のなさが感じられてならない。

私は馬を使って仕事をする立場として、〝ホースファースト〟を唱える身として、言葉は悪いかもしれないが、できるだけ快適で合理的に使われることが、馬にとっては最善だと考えている。ハイレベルの馬たちが一堂に集まってしのぎを削ることができるよう、それを見たファンに喜んでもらえるよう、環境や条件を整備していくことこそが重要だ。

ところが、これまで再三述べてきたように、能力の面において歴然とした差がある馬たちが、一緒に走らされているのが現状だ。これはＪＲＡが定めている、

「競走に勝利を得る意志がないのに馬を出走させてはならない」（競馬施行規則第81条）

にはあたらないのか。少なくとも、今のままではＪＲＡが目指す「夢と感動を皆様にお届け」することは不可能だろう。

せっかく、これほど世界に類をみない競馬ファンの数と売上を維持している日本の競馬を、調教師として、また長年の競馬ファンの一人として、維持・発展させていきたい一心である。

おわりに

この機会に、競馬に関するさまざまなテーマについて記させてもらった。まだまだ伝えたいことは山ほどあり、それこそキリがない。

私は根っからの競馬ファンだった。中学生から始まり、大学の馬術部で馬に携わり、東京競馬場でのアルバイトを経験しながら名馬たちの姿をこの目に焼きつけてきた。そして１９７８年、23歳で競馬界に身を置いてからというもの、何百何千という競走馬と触れ合いながら40年以上を過ごしてきたが、未だ夢の途中である。

こうして長年関わることができたのも、ひとえに競馬ファンや多くの馬主さん、ＪＲＡ、厩舎のスタッフ、そしてもちろん数多の馬のおかげである。感謝してやまない。

とりわけありがたいのは、家族の存在である。

競馬しか眼中にない私の健康に留意し、私の身の回りの世話をしてくれる妻には感謝しかない。冒頭のドバイでのアクシデントではないが、健康なくしてどんな仕事も成し得ない。

競馬でメシを食わせるという無謀とも思える状況下で、３人の息子にも恵まれ、うち二人は調教助手として競馬に従事している。だが、私は息子に国枝厩舎を継ぐことを強く望んでいるわけではない。自分に合った環境下で、好きなように生きればいいと思っている。妻からは「もっと親身に考えてください」と注文がつくが、無理強いはしたくない。

本書の担当者が、妻に対し、ふだん調教師の妻として心がけていることや私の日常、そして今後について質問したところ、次のような回答をしたという。

気恥ずかしいが、紹介したい。

競馬の世界のことなど、よくわからないまま結婚した。ふだんは夫に怪我のないようにと祈る一方、いつも競馬のことを熱く語っていたので、何か必ず結果を出す人だと思っていた。

調教師の妻になって、通常では味わえない世界を見ることができてよかったので、これまで大変だとかつらいとか感じたことがない。

調教師を支えるうえでは出張の準備、スケジュールの確認、身だしなみのチェックに留意しつつ、スタッフの家族も楽しめる環境づくりも大事なので、みんなで新年会やボウリング大会を開催している。ルーティーンとしては、厩舎の掃除、神棚の掃除と手を合わせること。レース前には、毎年正月に神社で買った宝船に手を合わせること。そして花を飾ることは忘れない。

大一番を前にしても夫はいつも冷静に物事を見ているので、ふだんと変わらない。レースの勝敗については、二人でよく話をしている。

息子たちが本人の意思で厩舎を継ぐなら応援する。

競馬を離れたときの息抜きは、夫と二人で週1回のボウリング、映画鑑賞、月1回のカラオケ。夫が定年を迎えたら、二人でゆっくりと日本中をクルージングしてみたいと思っている。

私が競馬場でかぶっているボルサリーノやネクタイの色について、「ゲン担ぎですか?」と訊かれることがある。実は、私は服装にはまったくの無頓着で、自分で選んでいない。そのあたりはすべて妻に任せている。馬以外のことに神経を注いでいる暇がないというか……。だから、重賞勝ち馬の記念ブルゾンやスタッフ着なども、妻のデザインによる物が多く、本当に助かっている（私のセンスでヘンな図柄にしようものなら、妻にことごとくＮＧを出されてしまう、というのもある〈笑〉）。

そんな妻と出会ったのは、調教助手時代のことだった。あの頃はそれこそ朝から晩まで馬ばかり。忙しい合間を縫っては、八木沢勝美厩舎にいた大学時代の先輩でもある後藤由之助手（元調教師）、田中和夫厩舎にいた荒川展行助手と私の３人で、何かとよく遊んでいた。そのうち、荒川助手の出身地でもある湘南の海に行って、波乗りやウインドサーフィンに熱中している時に、妻と知り合った。私の厩舎カラーがブルーなのは、湘南の海にちなんでいる。

かつてのように、休日だからといってもう海に行くこともない私は、時間のある時はいつも厩舎の事務所で過ごしている。私の場合、管理している馬１頭に１冊ずつノートを用意し、スタッフや馬主さんとの情報共有のため、追い切りの時計や馬体重、体調等、気づいたことは何でも記しているのだが、そうしたノートのほか、過去の記録や資料、書籍など、何でも手の届く位置に揃っているので、妙に落ち着く。

引退後については今のところまだ何も考えていない。まだまだやり残したことがある。ダービー制覇もそのひとつだ。ただ少しイメージするならば、競馬の世界には何らかのかたちで携わっていたい気持ちはある。

「この世に競馬は必要だと思いますか」と本書の担当者から訊かれた。難しい質問である。動物愛護の観点から、競馬＝人間が金を賭けて鞭で馬を打って優劣を競っている、という意見があるのは事実だ。しかし、これだけ長い歴史と文化を背負った競馬の世界が現存していることも事実だ。競馬業界には〝家業〟として何世代にもわたって従事している人も多い。人の叡智を生かして競馬という産業を築き上げ、馬と共存しようと日々努力を重ねている。だからこそ、〝ホースファースト〟に考えるのが人間の務めではないのか、と私は思っている。

また、最後にこんな質問も受けた。「宝物は何ですか」と。

過去の数多の馬との出会いはもちろん宝物である。重賞をもたらしてくれた馬もそうでない馬も、私の記憶の中ではすべて宝物だ。

さらにいえばやはり、私自身の体であり、家族であり、多くの人々との出会いである。寺山修司に倣えば競馬は人生に喩えられもするが、私にとっては人生あっての競馬であり、競馬あっての人生ではない。

講談社現代新書　2546

覚《かく》悟《ご》の競《けい》馬《ば》論《ろん》

二〇一九年一〇月二〇日第一刷発行

著者　国枝《くにえだ》　栄《さかえ》
© Sakae Kunieda 2019
発行者　渡瀬昌彦

発行所　株式会社講談社

東京都文京区音羽二丁目一二―二一　郵便番号一一二―八〇〇一

電話　〇三―五三九五―三五二一　編集（現代新書）

〇三―五三九五―四四一五　販売

〇三―五三九五―三六一五　業務

装幀者　中島英樹

印刷所　凸版印刷株式会社

製本所　株式会社国宝社

定価はカバーに表示してあります　Printed in Japan

本書のコピー、スキャン、デジタル化等の無断複製は著作権法上での例外を除き禁じられています。本書を代行業者等の第三者に依頼してスキャンやデジタル化することは、たとえ個人や家庭内の利用でも著作権法違反です。Ⓡ〈日本複製権センター委託出版物〉

複写を希望される場合は、日本複製権センター（電話〇三―三四〇一―二三八二）にご連絡ください。

落丁本・乱丁本は購入書店名を明記のうえ、小社業務あてにお送りください。

送料小社負担にてお取り替えいたします。

なお、この本についてのお問い合わせは、「現代新書」あてにお願いいたします。

N.D.C. 788　171p　18cm

ISBN978-4-06-517666-5

「講談社現代新書」の刊行にあたって

教養は万人が身をもって養い創造すべきものであって、一部の専門家の占有物として、ただ一方的に人々の手もとに配布され伝達されうるものではありません。

しかし、不幸にしてわが国の現状では、教養の重要な養いとなるべき書物は、ほとんど講壇からの天下りや単なる解説に終始し、知識技術を真剣に希求する青少年・学生・一般民衆の根本的な疑問や興味は、けっして十分に答えられ、解きほぐされ、手引きされることがありません。万人の内奥から発した真正の教養への芽ばえが、こうして放置され、むなしく滅びさる運命にゆだねられているのです。

このことは、中・高校だけで教育をおわる人々の成長をはばんでいるだけでなく、大学に進んだり、インテリと目されたりする人々の精神力の健康さえもむしばみ、わが国の文化の実質をまことに脆弱なものにしています。単なる博識以上の根強い思索力・判断力、および確かな技術にささえられた教養を必要とする日本の将来にとって、これは真剣に憂慮されなければならない事態であるといわなければなりません。

わたしたちの「講談社現代新書」は、この事態の克服を意図して計画されたものです。これによってわたしたちは、講壇からの天下りでもなく、単なる解説書でもない、もっぱら万人の魂に生ずる初発的かつ根本的な問題をとらえ、掘り起こし、手引きし、しかも最新の知識への展望を万人に確立させる書物を、新しく世の中に送り出したいと念願しています。

わたしたちは、創業以来民衆を対象とする啓蒙の仕事に専心してきた講談社にとって、これこそもっともふさわしい課題であり、伝統ある出版社としての義務でもあると考えているのです。

一九六四年四月　野間省一

趣味・芸術・スポーツ

日本語・日本文化